人力资源和社会保障事业发展“十四五”规划解读

人力资源和社会保障部　编

中国劳动社会保障出版社

图书在版编目(CIP)数据

人力资源和社会保障事业发展“十四五”规划解读/人力资源和社会保障部编. -- 北京：中国劳动社会保障出版社，2021

ISBN 978-7-5167-5190-9

Ⅰ.①人… Ⅱ.①人… Ⅲ.①人力资源管理-管理规划-中国-2021-2025-学习参考资料②社会保障-社会规划-中国-2021-2025-学习参考资料 Ⅳ.①F249.21②D632.1

中国版本图书馆 CIP 数据核字(2021)第 219340 号

中国劳动社会保障出版社出版发行

(北京市惠新东街 1 号　邮政编码：100029)

*

保定市中画美凯印刷有限公司印刷装订　　新华书店经销

880 毫米×1230 毫米　32 开本　9.75 印张　135 千字

2021 年 12 月第 1 版　　2021 年 12 月第 1 次印刷

定价：30.00 元

读者服务部电话：(010) 64929211/84209101/64921644

营销中心电话：(010) 64962347

出版社网址：http://www.class.com.cn

目　　录

规划解读

专家观点

人力资源和社会保障事业发展“十四五”规划

人力资源和社会保障事业发展“十四五”规划，根据《中共中央关于制定国民经济和社会发展第十四个五年规划和二〇三五年远景目标的建议》和《中华人民共和国国民经济和社会发展第十四个五年规划和2035年远景目标纲要》编制，主要阐明“十四五”时期推进人力资源和社会保障事业高质量发展的总体思路，明确主要发展目标、重大政策举措和重点工作任务，是未来五年人力资源和社会保障事业发展的重要指导文件。

第一章　指导思想和主要目标

“十四五”时期是我国全面建成小康社会、实现第一个百年奋斗目标之后，乘势而上开启全面建设社会主义现代化国家新征程、向第二个百年奋斗目标进军的第一个五年。

第一节 发展基础

“十三五”时期，党中央、国务院高度重视人力资源和社会保障事业，作出一系列重大决策部署，将就业优先政策置于宏观政策层面，并把就业作为“六稳”、“六保”首要任务。人力资源社会保障部门坚决贯彻党中央、国务院决策部署，充分发挥中国共产党领导和我国社会主义制度的政治优势，把增进民生福祉、促进社会公平作为发展人力资源和社会保障事业的根本出发点和落脚点，坚持深化改革、稳中有进，全面完成了“十三五”时期事业发展规划各项目标任务。就业局势保持总体稳定，就业结构持续优化，就业方式更加多元，就业质量继续提高，就业技能不断提升，城镇新增就业超过 6000 万人，开展政府补贴性培训近 1 亿人次。社会保障制度改革取得重大突破，建成世界上规模最大的社会保障体系。社会保障统筹层次和待遇水平稳步提高，社会保险基金运行安全可持续，基本养老保险覆盖近 10 亿人，社会保障卡发行超过 13.35 亿张。人才人事发展体制机制改革持续深化，高素质人才队伍建设持续加强，技能人才队伍建设取得重大进展，高技能人才新增1千万人以上，人才人事助力经济社会高质量发展的作用进一步发挥。中国特色和谐劳动关系体制机制基本形成，工资收入分配制度改革不断深化，拖欠农民工工资问题多发、高发态势得到有效遏制，被拖欠工资的农民工比重从1%下降到0.16%，劳动者权益得到有力维护。人力资源和社会保障扶贫成果显著，贫困劳动力外出务工人数实现翻番，3014万贫困老人全部按时足额领取养老金。行风建设持续推进，行风满意度显著提高，人力资源和社会保障公共服务发生了全方位、深层次的转变。“十三五”时期人力资源和社会保障事业的持续快速发展，为维护改革发展稳定大局和全面建成小康社会作出了积极贡献，为“十四五”时期经济社会发展奠定了坚实基础。

专栏1 “十三五”时期主要指标完成情况

指标	2015年基数	“十三五”规划目标	2020年完成数
一、就业			
1. 城镇新增就业人数（万人）	[6431]	[>5000]	[6564]

续表

指标	2015 年基数	“十三五”规划目标	2020 年完成数
2. 城镇登记失业率（%）	4.05	<5	4.24
二、社会保障			
3. 基本养老保险参保率（%）	82	90	91
4. 失业保险参保人数（亿人）	1.73	1.8	2.17
5. 工伤保险参保人数（亿人）	2.14	2.2	2.68
三、人才队伍建设			
6. 专业技术人才总量（万人）	—	7500	—
7. 高、中、初级专业技术人才比例	—	10∶40∶50	—
8. 高技能人才总量（万人）	4501	5500	—
四、劳动关系			
9. 企业劳动合同签订率（%）	90	>90	>90
10. 劳动人事争议调解成功率（%）	64.7	>60	70.6
11. 劳动人事争议仲裁结案率（%）	95.2	>90	96.2
12. 劳动保障监察举报投诉案件结案率（%）	—	>95	99

续表

指标	2015 年基数	“十三五”规划目标	2020 年完成数
五、公共服务			
13. 社会保障卡持卡人口覆盖率（%）	64.6	90	95.4
注：[ ] 内为五年累计数。			

“十四五”时期，我国发展仍然处于重要战略机遇期，但机遇和挑战都有新的发展变化。当今世界正经历百年未有之大变局，新一轮科技革命和产业变革深入发展，国际力量对比深刻调整，和平与发展仍然是时代主题，人类命运共同体理念深入人心。同时，国际环境日趋复杂，不稳定性不确定性明显增加，新冠肺炎疫情影响广泛深远，世界经济陷入低迷期，经济全球化遭遇逆流，单边主义、保护主义、霸权主义对世界和平与发展构成威胁。

我国已转向高质量发展阶段，制度优势显著，治理效能提升，经济长期向好，物质基础雄厚，人力资源丰富，市场空间广阔，发展韧性强劲，社会大局稳定，继续发展具有多方面优势和条件。同时我国发展不平衡不充分问题仍然突出，重点领域关键环节改革任务仍然艰巨，创新能力不适应高质量发展要求，城乡区域发展和收入分配差距较大，民生保障存在短板。人力资源和社会保障事业发展面临较大压力：劳动力供求深度调整，就业压力依然存在，结构性矛盾将成为就业领域的主要矛盾；人口老龄化程度持续加深，“十四五”期间新退休人数将超过4000万人，劳动年龄人口净减少3500万人，社会保障制度的可持续发展面临挑战；制约和影响人才发展的体制机制障碍尚未根除，事业单位人事制度改革有待进一步深化；城乡收入分配差距较大，中等收入群体比重偏低；产业转型升级、就业方式多样化加快发展对协调劳动关系提出了新挑战；人力资源和社会保障公共服务与人民群众的期待尚有差距。面对发展的重大机遇和严峻挑战，要抓住机遇、应对挑战，在危机中育先机，于变局中开新局，趋利避害，奋勇前进。

第二节 指导思想

高举中国特色社会主义伟大旗帜，深入贯彻党的十九大和十九届二中、三中、四中、五中全会精神，坚持以马克思列宁主义、毛泽东思想、邓小平理论、“三个代表”重要思想、科学发展观、习近平新时代中国特色社会主义思想为指导，立足新发展阶段，坚定不移贯彻创新、协调、绿色、开放、共享的新发展理念，促进构建以国内大循环为主体、国内国际双循环相互促进的新发展格局，坚持稳中求进工作总基调，以推动人力资源和社会保障事业高质量发展为主题，以深化人力资源和社会保障政策改革创新为主线，以满足人民日益增长的美好生活需要为根本目的，勠力同心，担当作为，为全面建设社会主义现代化国家贡献积极力量。

必须遵循以下原则：

——坚持党的领导。坚持把党的集中统一领导作为推进人力资源和社会保障事业发展的根本保证，不断提高贯彻新发展理念、构建新发展格局能力和水平，为实现高质量发展提供保证。

——坚持以人民为中心。坚持人民主体地位，坚持共同富裕方向，始终做到发展为了人民、发展依靠人民、发展成果更多更公平惠及全体人民，促进社会公平，增进民生福祉，不断实现人民对美好生活的向往。

——坚持新发展理念。把新发展理念贯穿到人力资源和社会保障事业发展全过程，充分发挥人力资源和社会保障事业在构建新发展格局中的支撑保障作用，实现人力资源和社会保障事业更高质量、更有效率、更可持续、更为安全发展。

——坚持深化改革。按照推进国家治理体系和治理能力现代化的总目标，深化人力资源和社会保障领域制度改革，破除制约高质量发展、高品质生活的体制机制障碍，持续增强发展动力和活力。

——坚持系统观念。加强前瞻性思考、全局性谋划、战略性布局、整体性推进，深入实施区域发展战略，加大东西部合作与对口支援，加强人力资源和社会保障事业与各领域协同联动，推动经济发展与民生改善良性互动、相互促进。

——坚持依法行政。贯彻落实全面依法治国基本方略，深入推进依法行政，推动人力资源和社会保障工作全面纳入法治轨道。合理调节各方面利益关系，促进社会公平公正、稳定和谐。

第三节 主要目标

按照全面建设社会主义现代化国家的战略安排，2035 年人力资源和社会保障事业发展远景目标和“十四五”时期主要目标如下。

2035 年远景目标：展望 2035 年，随着我国基本实现现代化，人力资源和社会保障制度体系将更加科学完善。就业质量显著提升，保持较低的失业水平，劳动关系更加和谐稳定，满足劳动者对美好生活的向往。实现多层次社会保障体系高质量发展可持续发展，形成社会保障全民共建共享的发展局面。人才政策更加积极更加开放，各类人才的创新活力竞相迸发，进入创新型国家行列。工资收入分配更加公平合理，中等收入群体显著扩大，促进全体人民共同富裕取得更为明显的实质性进展。基本公共服务实现均等化，城乡一体、均等可及的人力资源和社会保障基本公共服务体系更加高效优质。

“十四五”时期主要目标：

——实现更加充分更高质量就业。就业容量不断扩大，就业质量不断提高，就业创业环境不断优化，劳动者技能素质不断提升，重点群体就业基本稳定。“十四五”时期城镇新增就业5000万人以上，城镇调查失业率控制在5.5%以内，城镇登记失业率控制在5%以内。

——多层次社会保障体系更加健全。法定人员应保尽保，实现企业职工基本养老保险全国统筹、失业保险省级统筹，工伤保险省级统筹更加完善。社会保障待遇水平稳步提高，基金运行安全平稳。基本养老保险参保率达到95%。补充养老保险覆盖面不断扩大，年金基金规模超过4万亿元。

——技术技能人才队伍素质不断提升。人才发展体制机制改革深入推进，人才队伍规模不断扩大、结构更加合理、质量整体提升、创新活力进一步迸发。人才发展与国家重大发展战略和产业布局同步推进。培养更多高技能人才、能工巧匠和大国工匠。

——工资收入分配制度更加完善。企业工资分配制度更加完善，工资合理增长机制更加健全，劳动报酬在初次分配中的比重逐步提升，工资收入分配结构明显改善。以增加知识价值为导向的收入分配政策更加完善，符合事业单位特点的工资分配制度基本建立。

——中国特色劳动关系更加和谐稳定。劳动关系协调机制和工作体制机制进一步完善，劳动人事争议调解仲裁体制机制进一步健全，劳动保障监察执法效能有效提升，根治欠薪成果更加巩固，劳动关系治理能力明显提高，劳动关系总体和谐稳定。

——人力资源和社会保障公共服务体系更加完善。人力资源和社会保障公共服务制度和标准体系全面建立，智慧服务能力显著提高，社会保障卡实现发行应用全覆盖，基本公共服务的可及性显著增强，均等化水平明显提高。

专栏2 “十四五”时期主要指标

指标	2020年	2025年	属性
一、就业			
1. 城镇新增就业人数（万人）	［6564］	［>5000］	预期性
2. 城镇调查失业率（%）	5.2	<5.5	预期性
3. 城镇登记失业率（%）	4.24	<5	预期性
4. 开展补贴性职业技能培训人次（万人次）	［9693］	［7500］	预期性
5. 其中：农民工参加职业培训人次（万人次）	［4430］	［3000］	预期性

续表

指标	2020 年	2025 年	属性
二、社会保障			
6. 基本养老保险参保率（%）	91	95	预期性
7. 失业保险参保人数（亿人）	2.17	2.3	约束性
8. 工伤保险参保人数（亿人）	2.68	2.8	约束性
9. 城乡居民基本养老保险基金委托投资资金总额（亿元）	2077	>4000	预期性
10. 补充养老保险基金规模（万亿元）	3.6	>4.0	预期性
三、人才人事			
11. 新增取得专业技术人员职业资格证书人数（万人）	[1446]	[1300]	预期性
12. 博士后研究人员年招收数（万人）	2.2	2.8	预期性
13. 新增取得职业资格证书或职业技能等级证书人数（万人次）	[5373]	[4000]	预期性
14. 其中：新增取得高级工以上职业资格证书或职业技能等级证书人数（万人次）	[1307]	[800]	预期性
四、劳动关系			
15. 劳动人事争议调解成功率（%）	70.6	60	预期性

续表

指标	2020 年	2025 年	属性
16. 劳动人事争议仲裁结案率（%）	96.2	90	预期性
17. 劳动保障监察举报投诉案件结案率（%）	99	96	预期性
五、公共服务			
18. 社会保障卡持卡人数（亿人）	13.35	14	预期性
19. 其中：申领电子社保卡人口覆盖率（%）	24	67	预期性
注：[ ] 内为五年累计数。			

第二章　推动实现更加充分更高质量就业

健全有利于更加充分更高质量就业的促进机制，扩大就业容量，提升就业质量，缓解结构性就业矛盾，加快提升劳动者技术技能素质。有效防范化解失业风险，确保就业局势总体稳定。

第一节　强化就业优先政策

坚持经济发展就业导向，将更加充分更高质量就业作为经济社会发展的优先目标，将稳定和扩大就业作为宏观调控的下限，健全财政、货币、就业等政策协同和传导落实机制，强化就业影响评估，实现经济增长与就业扩大良性互动。实施就业扩容提质工程，建立更充分更高质量就业的考核评价体系。推进产业、区域发展与就业协同，建设一批国家级充分就业社区。统筹城乡就业政策，积极引导农村劳动力就业，促进平等就业。政府优先投资岗位创造多的项目，优先发展吸纳就业能力强的行业产业，培育新的就业增长极。支持吸纳就业能力强的服务业、中小微企业和劳动密集型企业发展，稳定拓展社区服务岗位。落实政府促进就业工作主体责任，建立健全县以上政府就业工作组织领导机制，完善跨层级、跨部门、跨区域的重大风险协同应对机制。夯实就业工作目标责任制、工作督查考核机制。

第二节 健全就业创业公共服务体系

健全覆盖城乡的就业公共服务体系，加强基层公共就业创业服务平台建设，建设一批劳动力市场、人才市场、零工市场，为劳动者和企业免费提供政策咨询、职业介绍、用工指导等服务。推进公共就业服务基础设施标准化建设，重点补齐农村地区、易地扶贫搬迁大型安置区服务设施短板。提升城镇公共就业服务能力，推动城乡劳动者在就业地平等享受就业服务。健全劳务输入集中区域与劳务输出省份对接协调机制，加强劳动力跨区域精准对接。加强就业补助资金支持保障，构建常态化援企稳岗帮扶机制，统筹用好就业补助资金和失业保险基金。健全就业需求调查和失业监测预警机制，有效防范规模性失业风险。鼓励引导社会力量广泛深入参与就业服务，推进公共就业服务机构与社会民营机构的合作。建立创业指导专家、就业指导专家等服务团队，为服务对象提供专业化服务。建立公共就业服务训练基地，面向基层人员开展业务训练。

第三节 完善重点群体就业支持体系

坚持把高校毕业生等青年就业作为重中之重，完善就业创业支持体系，结合实施产业升级、区域发展、乡村振兴等重大战略实施开发适合高素质青年群体的就业岗位，拓宽市场化社会化就业渠道。完善引导鼓励高校毕业生到基层工作的政策措施，统筹实施“三支一扶”计划等基层服务项目，开展“最美基层高校毕业生”学习宣传活动，引导更多毕业生到城乡基层、中西部、艰苦边远地区就业。强化不断线就业服务，加强职业指导、就业见习，对困难毕业生和长期失业青年实施就业帮扶。便利台港澳青年到大湾区及内地城市就业创业。畅通失业人员求助渠道，健全失业登记、职业介绍、职业培训、职业指导、生活保障联动机制。健全统筹城乡的就业援助制度，统筹利用公益性岗位支持就业，对城乡就业困难人员提供优先扶持和重点帮助。着力帮扶残疾人、零就业家庭成员等困难人员就业，扶持残疾人自主创业。统筹做好妇女、退役军人等群体就业工作，做好大龄劳动者就业帮扶。

专栏3　就业创业促进计划

01　就业服务质量提升工程

健全覆盖城乡的公共就业服务体系，完善城乡基层服务平台功能，开展公共就业服务人员队伍培训，加强覆盖全国的智慧就业服务信息网络建设，提升公共就业服务标准化、智慧化、专业化水平。

02　青年就业创业促进计划

健全就业创业服务体系，完善精细化、差异化就业服务机制，提升就业能力，支持创业创新，常态化开展专项招聘，全面强化就业帮扶，促进多渠道就业创业。重点做好高校毕业生就业创业工作。

03　就业统计基础提升计划

建立就业岗位调查制度，完善城镇新增就业、登记失业统计制度。加强就业大数据分析，加强高校毕业生、农民工、灵活就业人员等重点群体流动就业状况和市场招聘需求变化跟踪。

04　就业创业示范

开展创业型城市、公共就业创业服务示范城市、国家级充分就业社区、农村劳动力转移就业示范县创建，选树公共就业创业服务典型。

05　实施劳务品牌促就业计划

健全劳务品牌建设机制，加强劳务品牌发现培育，加快劳务品牌发展提升，加速劳务品牌壮大升级，培育龙头企业，发展产业园区，开展选树推介，打造一批叫得响的劳务品牌。

第四节　促进创业带动就业、多渠道灵活就业

持续深化“放管服”改革，对新产业新业态实施包容审慎监管，进一步优化营商环境。建立健全创业带动就业扶持长效机制，加大初创实体支持力度，支持农民工等人员返乡入乡创业，提供场地支持、租金减免、创业补贴、创业担保贷款及贴息等政策扶持。支持建设一批高质量创业孵化示范基地等创业载体和创业园区，提升线上线下创业服务能力，打造创业培训、创业实践、咨询指导、跟踪帮扶等一体化的创业服务体系。开展创业型城市创建工作。组织各级各类创业推进和指导活动，培育构建区域性、综合性创业生态系统。持续推动多渠道灵活就业，鼓励个人经营，增加非全日制就业机会，支持和规范发展新就业形态，清理取消不合理限制灵活就业的规定。推进新就业形态技能提升和就业促进项目，强化对灵活就业人员就业服务，加快完善相关劳动保障制度。

第五节　全面提升劳动者就业创业能力

健全终身职业技能培训制度，持续大规模开展职业技能培训。深入实施职业技能提升行动和重点群体、重点行业领域专项培训计划，形成人力资本提升和产业转型升级良性循环。大力开展先进制造业产业工人技能培训，全面推行企业新型学徒制培训，广泛开展新业态新模式从业人员职业技能培训，有效提高培训质量。大力开展新职业培训特别是数字经济领域人才培养。探索引入现代化手段和方式开展数字技能类职业培训。广泛开展新职业技能竞赛活动。发挥各级各类职业技能培训资金效能，创新使用方式，畅通培训补贴直达企业和培训者渠道。依托企业开展岗位技能提升培训。组织培训机构依据国家职业标准，采取多种形式开展培训。支持开展订单、定岗、定向培训。建设一批高技能人才培训基地和公共实训基地，推动培训资源共建共享。推进线上职业技能培训，搭建新职业数字资源培训线上服务平台。加强残疾人职业技能培训，做好培训鉴定评价服务。完善新职业信息发布制度和职业分类动态调整机制，开发完善职业技能标准、培训大纲、职业培训包和职业技能培训教材。

专栏 4　职业培训专项行动

01　职业技能提升行动

持续开展职业技能提升行动，全面提升劳动者职业技能水平和就业创业能力。开展各类补贴性职业技能培训 7500 万人次。

02　职业标准体系建设

建立健全由国家职业技能标准、行业企业评价规范、专项职业能力考核规范等构成的多层次、相互衔接的职业标准体系。加快开发急需紧缺职业和新职业的国家职业技能标准。每年制定修订颁布 50 个以上国家职业技能标准。

03　技能人才评价提质扩面行动

实施技能人才评价提质扩面行动，备案 1 万家左右自主开展技能人才评价的用人单位、30 家面向全国开展职业技能等级认定的社会培训评价组织，800 万人次取得高级工及以上职业资格证书或职业技能等级证书。

第六节　建设高标准人力资源市场体系

深入实施人力资源服务业高质量发展行动，加快建设统一规范、竞争有序的人力资源市场，推动人力资源服务创新发展。建设高标准人力资源市场体系，促进就业创业，服务人才流动，推动乡村振兴。实施国家级人力资源市场建设计划。完善人力资源市场供求信息监测发布和市场统计制度。推动人力资源服务与实体经济、科技创新、现代金融协同发展，加强人力资源服务标准化、信息化、品牌化建设，促进行业协会建设。加大人力资源服务业高层次人才培养力度，提高从业人员专业化、职业化水平。推动人力资源服务和互联网深度融合。组织开展形式多样的诚信服务活动，选树一批诚信人力资源服务示范典型。探索创新网络招聘等领域监管手段，严厉打击就业歧视、非法职介等侵害劳动者权益的违法行为。

专栏 5　人力资源服务业高质量发展行动

01　人力资源市场建设计划

新建一批国家级专业性、行业性、区域性人力资源市场，充分发挥专业行业优势和区域性人力资源市场集聚发展和辐射带动作用。实施西部和东北地区人力资源市场建设援助计划，推动西部和东北地区人力资源市场建设。

02　骨干企业培育计划

重点培育一批有核心产品、成长性好、具有国际竞争力的综合性人力资源服务综合性企业，加快发展有市场、有特色、有潜力的专业化人力资源服务骨干企业，引导人力资源服务企业细化专业分工，向价值链高端延伸。

03　产业园区建设计划

加强国家级人力资源服务产业园规划和建设，新建一批国家级园区。鼓励有条件的地区根据本地经济发展和产业转型需要，培育建设一批有特色、有活力、有效益的地方产业园。开展人力资源服务产业园建设评估。

续表

04	**“一带一路”人力资源服务行动** 稳步推进人力资源市场对外开放，引进我国市场急需的海外人力资源服务企业。支持国内人力资源服务企业在“一带一路”沿线国家设立分支机构，大力开拓国际市场，构建全球服务网络。
05	**促进就业创业行动** 开展联合招聘服务、重点行业企业就业服务、重点群体就业服务、促进灵活就业服务、就业创业指导服务、优质培训服务、劳务协作服务、就业扶贫服务、供求信息监测服务、人力资源服务产业园区促就业综合服务。

第三章　健全多层次社会保障体系

坚持权责清晰、保障适度、应保尽保原则，按照兜底线、织密网、建机制的要求，健全覆盖全民、统筹城乡、公平统一、可持续的多层次社会保障体系。

第一节　全面实施全民参保计划

推动实现职工基本养老保险由制度全覆盖到法定人群全覆盖，放开灵活就业人员在就业地参加社会保险的户籍限制，积极促进有意愿、有缴费能力的灵活就业人员以及新就业形态从业人员等参加企业职工基本养老保险。完善对缴费困难群体帮扶政策，积极促进城乡居民基本养老保险适龄参保人员应保尽保。加强失业保险参保扩面工作，重点推动中小微企业、农民工等单位和人群积极参加失业保险。实现工伤保险政策向职业劳动者的广覆盖，将公务员和参照公务员法管理的机关（单位）工作人员全部纳入工伤保险制度。

第二节　完善社会保障制度体系

在规范省级统筹制度、加大基金中央调剂力度基础上，建立实施企业职工基本养老保险全国统筹制度，适当加强中央在养老保险方面的事权。推进机关事业单位养老保险制度平稳运行。按照小步调整、弹性实施、分类推进、统筹兼顾等原则，稳妥实施渐进式延迟法定退休年龄，逐步提高领取基本养老金最低缴费年限。落实职工基本养老保险遗属待遇和病残津贴政策。发展多层次、多支柱养老保险体系，大力发展企业年金、职业年金，提高企业年金覆盖率，规范发展养老保险第三支柱，推动个人养老金发展。完善城乡居民基本养老保险制度，优化筹资机制，指导地方调整缴费档次和缴费补贴标准，规范个人账户计息办法。

修订职工基本养老保险个人账户计发月数。完善被征地农民参加基本养老保险政策。推动建立城乡居民基本养老保险丧葬补助金制度。加强退役军人保险制度衔接。

加快建设积极稳健的失业保险制度。研究完善失业保险相关制度，进一步畅通失业保险待遇申领渠道，扩大失业保险保障范围。完善失业保险支持参保企业稳岗、参保职工提升技能政策体系。健全失业监测预警机制，加强失业动态监测。实现失业保险基金省级统筹。

探索建立多层次工伤保险制度体系。研究完善工伤保险相关制度及配套办法，以高危行业为重点，持续扩大工伤保险覆盖范围。推进平台灵活就业人员职业伤害保障工作。完善预防、补偿、康复“三位一体”制度，发挥工伤保险积极作用，推动工伤预防五年行动计划，加强工伤康复工作。推动工伤保险基金省级统筹全面实现统收统支目标。

专栏6 社会保险制度建设

01 企业职工基本养老保险全国统筹制度

在全国范围内统一企业职工基本养老保险参保缴费、待遇调整等政策，统一基金收支管理制度，建立全国统一的信息系统和经办服务管理体系，建立中央与省级政府责任分担机制，适当加强中央事权。健全基金管理风险防控体系，建立中央对省级政府考核奖惩机制。

02 新就业形态群体参保

依托全国统一的社会保险公共服务平台，为新就业形态从业人员提供网上参保登记申请等一系列便捷服务。支持灵活就业的新就业形态从业人员以个人身份在公共服务平台办理企业职工基本养老保险参保登记、个人权益记录查询、社会保险关系转移接续等业务。适应我国新业态用工特点，制定职业伤害保障试行办法，推进平台灵活就业人员职业伤害保障试点。

第三节 健全社会保险待遇调整机制

推进社会保险待遇水平与经济社会发展的联动调整，综合考虑物价变动、职工平均工资增长、基金承受能力以及财力状况等因素，完善职工基本养老保险、工伤保险待遇水平调整机制。全面落实城乡居民基本养老保险待遇确定和基础养老金正常调整机制，逐步提高城乡居民基础养老金标准。健全失业保险待遇标准科学确定和正常调整机制，完善失业保险保障标准与物价上涨挂钩联动机制。

第四节　加强社会保险基金监管

建立与基本养老保险全国统筹以及失业、工伤保险省级统筹相适应的基金监督体制。健全政策、经办、系统、监督“四位一体”的基金管理风险防控体系，探索开展智慧监督，提升风险识别、监测、防控能力。完善欺诈骗保行为惩戒机制，严厉打击违法违规行为。坚持精算平衡，健全基金预测预警制度，促进基本养老保险基金长期平衡。继续扩大基本养老保险基金投资规模，每年城乡居民基本养老保险基金新增结余80%以上用于委托投资，促进基金保值增值。促进年金市场规范有序健康发展。探索建立年金基金管理机构评价评级体系和养老保险第三支柱监管制度。

第五节　提升社会保险经办管理服务

实施社会保险经办能力提升工程，提高经办队伍服务能力和专业化水平。建设国家社会保障服务中心，构建全国一体的社会保险经办管理服务体系。夯实完善社会保险经办线上服务基础，逐步拓宽线上服务范围。探索利用区块链等新技术，推进社会保险关系转移接续顺畅便利。加快推动社会保险经办数字化转型，提升社保数据分析应用能力，提升社会保险经办精确管理和精细化服务水平。建立与养老保险全国统筹相适应的经办管理服务体系，逐步建成垂直管理的经办组织架构，统一管理全国统筹基金。加强城乡居民基本养老保险经办服务能力建设，缩小城乡经办服务差距。统一失业保险经办服务标准，优化待遇网上申领服务。加强个人信息保护，保障社保数据安全。

第四章　激发人才创新活力

坚持党管人才原则，贯彻尊重劳动、尊重知识、尊重人才、尊重创造方针，深入实施人才强国战略，深化人才发展体制机制改革，加强人才队伍建设，实施人才服务行动，优化人才创新创业创造生态，全方位培养、引进、用好人才，充分发挥人才第一资源作用。

第一节　加强专业技术人才队伍建设

以引领高质量发展和强化国家战略科技力量为导

向，加快培养造就高水平专业技术人才队伍，夯实创新发展人才基础。改革完善博士后制度，稳步扩大招收规模，着力提升培养质量，实施博士后创新人才支持计划和国际交流计划，培养造就更多具有国际竞争力的青年科技人才后备军。加强博士后科研流动站和工作站建设，支持设立博士后创新岗位，举办全国博士后创新创业大赛，更好发挥博士后制度在高校院所科研团队建设和企业技术创新中的作用。改革完善政府特殊津贴制度，坚持高端引领，强化荣誉激励，注重发挥作用，带动形成梯次衔接的高层次领军人才培养选拔制度体系。推动出台地方和行业部门专业技术人员继续教育制度，构建分层分类的专业技术人员继续教育体系。实施专业技术人才知识更新工程，加快开发新职业标准，开展新职业人才培养培训，壮大高水平工程师队伍。积极吸引海外留学人员回国创新创业，高标准建设留学人员创业园，优化留学人员回国创新创业服务。健全薪酬福利、社会保障等制度，为海外科学家在华工作提供具有国际竞争力和吸引力的环境。鼓励引导人才向艰苦边远地区和基层一线流动。深入实施专家服务基层行动。开展新疆、西藏和四省涉藏州县等少数民族专业技术人才特殊培养工作。全面完成各系列职称制度改革工作，健全职称管理配套政策，加强职称评审信息化建设。完善职业资格制度，动态优化职业资格目录。推动职业资格国（境）内外互认。开展全国杰出专业技术人才表彰工作，大力弘扬新时代科学精神和专业精神，健全完善人才联系服务机制，营造崇尚创新的社会氛围。

专栏 7 专业技术人才系列支持计划

01 博士后创新人才支持计划

依托国家重大科研任务和重点科研平台，设立专项博士后创新岗位，每年择优资助 500 名左右国内优秀博士从事博士后研究工作。

02 博士后国际交流计划

每年择优引进资助 500 名左右毕业院校排名世界前列的外籍或留学回国博士，在国内博士后设站单位从事博士后研究，每年择优资助 100 名左右国内优秀博士后赴国（境）外高水平研究机构从事合作研究。

03 专业技术人才知识更新工程

动态管理建设国家级专业技术人员继续教育基地，每年组织举办 300 期左右国家级高级研修项目。实施专业技术人员能力提升和数字技术工程师培育项目，围绕重点领域开展大规模知识更新继续教育，每年培训百万人次高层次急需紧缺和骨干专业技术人才。

第二节　加强技能人才队伍建设

实施“技能中国行动”，加强创新型、应用型、技能型人才培养，弘扬工匠精神，培养更多高技能人才、能工巧匠和大国工匠。完善技能人才培训培养体系，加强高技能人才表彰激励，积极营造有利于技能人才脱颖而出的良好环境。大力发展技工教育，创新办学模式，深化产教融合、校企合作，推行中国特色企业新型学徒制。完善职业技能等级制度。探索扩大高技能人才与专业技术人才职业发展贯通领域和规模。健全完善国内职业技能竞赛制度和体系，着力提升职业技能竞赛科学化、规范化、专业化水平。定期举办中华人民共和国职业技能大赛、全国行业职业技能竞赛和专项职业技能竞赛。推动省、市、县普遍开展综合性职业技能竞赛活动。加强技能领域国际交流合作，办好第46届世界技能大赛、“一带一路”国际技能大赛等国际性赛事。

专栏 8　技能中国行动

01　高技能人才培训基地项目

建设一批国家级高技能人才培训基地、技能大师工作室，推进各地分级建设职业覆盖广泛、地域特色鲜明的高技能人才培训基地、技能大师工作室。

02　技工教育质量提升工程

实施技工教育发展“十四五”规划，组织开展技工教育质量提升工程。遴选建设 300 所左右优质技工院校和 500 个左右优质专业，开展 100 个左右技工教育（联盟）集团建设试点工作。

03　职业技能等级制度

建立与国家职业资格制度相衔接、与终身职业技能培训制度相适应的职业技能等级制度，由经人力资源社会保障部门备案公布的用人单位和社会培训评价组织，对劳动者的职业技能水平进行考核评价。

04　世界技能大赛引领计划

建设 1 个世界技能大赛综合训练中心、3 个世界技能大赛中国研究中心、1 个世界技能大赛中国研修中心和 400 个左右世界技能大赛中国集训基地，支持建设世界技能博物馆、世界技能能力建设中心、世界技能资源中心。

第三节　持续推进事业单位人事制度改革

建立健全符合分类推进事业单位改革要求的人事管理制度，推进建立人事管理权责清单。完善事业单位聘用合同管理、公开招聘、岗位管理和交流制度，建立健全事业单位人事管理监督制度。推行事业单位人事管理“一件事”服务模式。在县以下事业单位推行管理岗位职员等级晋升制度。推进专业技术一级岗位设置工作。支持和鼓励高校、科研院所等事业单位科研人员按规定创新创业并取得合法报酬，落实乡村振兴战略，支持和鼓励农业科技人员按规定入乡兼职兼薪和离岗创办企业。健全完善事业单位工作人员考核、奖惩、培训机制。

第四节　促进人才顺畅有序流动

深化人才资源供给侧结构性改革，促进市场性流动、引导性流动和计划性流动，建立产业发展、转型升级与人才供求匹配机制。发挥人力资源服务机构在市场化引才中的作用，破除劳动力和人才在城乡、区域和不同所有制单位间的流动障碍。加大重点领域人才调配工作力度，实施国家重大专项人员调配和接收高校毕业生支持计划，着力解决国家重点发展领域的特殊人才需求。完善急需紧缺人才目录编制发布制度，健全人才需求预测预警机制。进一步规范地方引才工作。加快制定完善人才流动法规制度体系，依法规范国家重点领域人才流动秩序。

第五节　加强表彰奖励工作

完善国家表彰奖励制度体系，制定及时性表彰管理办法，修订社会组织评比达标表彰活动管理规定，出台新闻媒体评奖管理办法。做好全国劳动模范和先进工作者等定期开展的国家级表彰，完成以党中央、国务院名义开展的及时性表彰。规范省部级表彰活动，及时更新项目目录，严控表彰范围和名额。建立健全创建示范工作管理制度，出台管理规定。清理整治违规评比达标表彰和创建示范活动，建立健全长效监管机制。加大宣传力度，落实相关待遇规定和生活困难表彰奖励获得者帮扶办法，开展休假疗养活动。加强基础建设，加大系统干部培训力度，加强基础理论研究，推进国家表彰奖励信息系统建设，提高表彰奖励水平。

第五章　深化企事业工资收入分配制度改革

坚持按劳分配为主体、多种分配方式并存，提高劳动报酬在初次分配中的比重。完善工资制度，健全工资合理增长机制，着力提高低收入群体收入，促进扩大中等收入群体，更加积极有为地促进共同富裕。

第一节 深化企业工资决定机制改革

健全工资决定、合理增长和支付保障机制。积极推行工资集体协商制度，以非公有制企业为重点，提高工资集体协商的实效性，着力增加一线劳动者劳动报酬。完善按劳动、知识、技术、管理等生产要素由市场评价贡献，按贡献决定报酬的机制，鼓励企业创新按要素贡献参与分配的办法，将工资分配与岗位价值、技能素质、实绩贡献、创新成果等因素挂钩，探索协议工资、项目工资、岗位分红权、项目收益分红、股权激励等多种分配形式。

第二节 加强企业工资收入分配宏观调控和指导

完善最低工资制度，健全最低工资标准正常调整机制，保障低收入劳动者合理分享经济社会发展成果。完善工资指导线形成机制和工资支付制度。健全技能人才薪酬分配制度。强化对不同行业、不同群体工资分配的事前指导，探索发布体现不同行业、不同群体特征的薪酬分配指引。加强企业薪酬调查和信息发布工作，建立完善全国企业工资收入分配大数据系统，为企业合理确定工资水平提供更具针对性的信息引导。

专栏9　企业薪酬指引计划
01　企业薪酬指引计划 健全劳动力市场工资价位信息体系，形成公开发布、定向反馈与针对性指导相结合的信息服务体系，加强对重点群体薪酬分配的事前指导。

第三节　深化国有企业工资分配制度改革

持续推进国有企业薪酬制度改革，完善国有企业负责人薪酬和工资总额管理政策。开展国有企业职业经理人薪酬制度改革试点，建立国有企业职业经理人薪酬制度。深化国有企业工资内部分配制度改革，完善市场化薪酬分配机制，普遍实行全员绩效管理。完善国有企业科技创新人才激励政策，建立具有市场竞争优势的核心关键人才薪酬制度，推动分配向作出突出贡献人才和一线关键岗位倾斜。完善有关社会组织工资分配制度。加强国有企业工资内外收入监督管理。

第四节　改革完善事业单位工资制度

改革完善体现岗位绩效和分级分类管理的事业单位薪酬制度。探索建立符合事业单位行业特点的收入分配制度，落实基本工资标准和艰苦边远地区津贴标准正常调整机制。合理确定绩效工资水平，逐步实现绩效工资总量正常调整。贯彻以增加知识价值为导向的收入分配政策，健全创新激励和保障机制，构建充分体现知识、技术等创新要素价值的收益分配机制，落实科研人员职务科技成果转化现金奖励政策。完善高层次人才工资分配激励机制，实行高层次人才绩效工资总量单列。探索事业单位主要领导收入分配激励约束机制，完善事业单位工作人员福利制度和特殊岗位津贴补贴制度。积极推进事业单位工资管理信息化建设。深化公立医院薪酬制度改革，推进高校、科研院所薪酬制度改革，分级分类优化其他事业单位绩效工资管理办法。完善消防员工资福利政策。推动落实带薪休假制度。

第五节　促进扩大中等收入群体

以高校和职业院校毕业生、技能型劳动者、小微创业者、农民工等为重点，不断提高中等收入群体比重。提高高校、职业院校毕业生就业匹配度和劳动参与率。拓宽技术工人上升通道，畅通非公有制经济组织、社会组织、自由职业专业技术人员职称申报和技能等级认定渠道，提高技能型人才待遇水平和社会地位。完善小微创业者扶持政策，支持个体工商户、灵活就业人员等群体勤劳致富。培育高素质农民，运用农业农村资源和现代经营方式增加收入。

第六章　构建和谐劳动关系

创新和完善构建中国特色和谐劳动关系体制机制，维护劳动者权益，促进企业健康发展。坚持劳动关系系统治理、依法治理、源头治理和综合治理，构建规范有序、公正合理、合作共赢、和谐稳定的劳动关系。

第一节　健全劳动关系协调机制

进一步健全构建和谐劳动关系工作体制。实施劳动关系“和谐同行”能力提升三年行动计划。推进构建中国特色和谐劳动关系改革创新。加强协调劳动关系三方机制建设。完善工时、休息休假制度。完善劳动合同制度，加强劳务派遣监管，规范劳务派遣用工行为，保障劳动者同工同酬。开展对重点行业的突出用工问题治理，加强对国有企业劳动用工的指导和服务。建立健全新就业形态劳动者劳动权益保障机制，维护新就业形态劳动者权益。稳妥推进集体协商集体合同制度。完善劳动关系形势分析制度，建立健全劳动关系风险监测预警制度。加强劳动关系工作基层基础建设。

专栏 10　劳动关系“和谐同行”能力提升行动

01　和谐劳动关系百千万计划

打造百名金牌劳动关系协调员、百家金牌协调劳动关系社会组织、百家金牌劳动人事争议调解组织，培育千户劳动关系和谐企业，服务万户新企业用工。

02　重点企业用工指导计划

以用工规模较大的生产经营存在较大困难的企业为重点，指导企业采取多种措施稳定工作岗位。发挥集体协商协调劳动关系重要作用，引导企业与职工共渡难关，尽量不裁员、少裁员，稳定劳动关系。

第二节　完善劳动人事争议调解仲裁体制机制

加强劳动人事争议处理效能建设。健全争议多元处理机制。建立符合企事业单位特点的争议预防调解机制，强化属地化解机制，健全集体劳动人事争议应急调解制度。发挥协商、调解在争议处理中的基础性作用，指导用人单位完善协商规则，建立内部申诉和协商回应制度。完善仲裁准司法制度体系，创新办案机制，加强办案指导监督，提升仲裁终结率。加强仲裁标准化建设，建立仲裁办案管理和评价机制。推动劳动人事争议调解与人民调解、行政调解、专业性行业性调解、司法调解的衔接联动。加强调解、仲裁与诉讼衔接，逐步统一裁审受理范围和法律适用标准。加强调解仲裁机构队伍建设，充实一线专职调解员、仲裁员力量，提升案件处理智能化水平和服务当事人能力，完善准司法职业保障机制。推进“互联网+调解仲裁”服务，大力推进数字仲裁庭、智能仲裁院建设。

第三节　提升劳动保障监察执法效能

加强劳动保障监察制度建设。建立健全根治欠薪长效机制，持续推进根治拖欠农民工工资工作，完善拖欠农民工工资严重违法失信名单管理制度，落实各项保障工资支付制度。推进企业守法诚信等级评价、重大违法行为社会公布工作。畅通劳动者举报投诉渠道，推进建立覆盖全国的劳动保障监察案件线索反映（监管）平台，实现劳动保障维权“一网通办”、全国联动，强化重大劳动保障违法案件督查和督办。创新执法方式、规范执法程序，落实“双随机、一公开”监管机制。强化劳动保障监察机构在人力资源和社会保障领域的综合执法职能。提升劳动保障监察执法能力，实施分级分类培训，指导各地加强执法装备配备。推进智慧监察系统建设，完善监控预警功能，切实提高劳动保障监察执法效能。

第四节　加强农民工服务保障工作

加快推进农民工市民化，不断提升农民工平等享受城镇基本公共服务水平。落实农民工与城镇职工平等就业制度，拓宽农村劳动力就地就近就业、外出就业和返乡创业渠道，加强农民工输入输出地劳务对接。实施农民工素质提升工程，大规模开展农民工培训，不断提升农民工职业技能和综合素质。健全农民工劳动权益保护机制，扩大农民工参加城镇职工社会保险覆盖范围，推进完善农民工参加失业保险政策，推动从根本上解决拖欠农民工工资问题。加快农民工工作信息化建设。提高农民工基层服务能力，完善农民工服务保障机制。发挥农民工在乡村振兴中的作用，鼓励和引导更多农民工投身乡村振兴建设。加强农民工工作宣传，积极营造全社会关心关爱农民工的良好氛围。

专栏 11 农民工市民化行动

01 农民工市民化行动

制定“十四五”时期农民工工作政策文件，以县域就业农民工市民化为重点，着力提升农民工就业质量和技能水平、维护农民工权益，推动在县域就业的农民工就地市民化，促进农民工平等享受基本公共服务。建立农民工市民化指标评价体系和考核评估机制。强化精准服务，打造农民工服务品牌。开展农民工市民化经验交流活动，加快农民工市民化。

第七章　提高基本公共服务能力和质量

健全人力资源和社会保障公共服务制度，增加公共服务供给，提升公共服务能力，构建覆盖全民、城乡一体、均等可及、高效优质的人力资源和社会保障基本公共服务体系。

第一节　推进基本公共服务均等化

推动人力资源和社会保障基本公共服务实现城乡区域制度统一、质量水平有效衔接。加强人力资源和社会保障基本公共服务体系建设，促进基本公共服务资源向基层延伸，向农村覆盖，向边远地区和生活困难群众倾斜。统筹基本公共服务设施布局和共建共享，补齐农村和基层公共服务短板，推进人力资源和社会保障基本公共服务一体化协同发展。构建网格化管理、精细化服务、信息化支撑、开放共享的基层管理服务平台，推动就业社保便民服务场景有机集成和精准对接。实施人力资源和社会保障基本公共服务能力提升工程，推进基本公共服务均等化、普惠化、便捷化。

第二节 推进基本公共服务标准化

依据国家基本公共服务标准，全面实施人力资源社会保障基本公共服务标准化建设。围绕就业创业、社会保险、劳动关系等领域基本公共服务项目，细化服务事项，优化服务流程，明确服务要求，完善保障政策，建立健全与经济社会发展和人民群众服务需求相适应，有力支撑人力资源和社会保障基本公共服务业务的标准化体系，建立基本公共服务标准动态调整机制。加快人力资源社会保障基本公共服务国家、行业标准的制（修）定，完善服务流程、设施设备、人员配备等软硬件标准。推动城乡区域性人力资源和社会保障基本公共服务标准体系协同联动、有效衔接。开展人力资源和社会保障基本公共服务标准化试点。

第三节 推进基本公共服务信息化

实施人力资源和社会保障信息化便民服务创新提升行动，推动人力资源和社会保障系统“全数据共享、全服务上网、全业务用卡”，促进互联网、大数据、区块链、人工智能与人力资源和社会保障工作深度融合。

推动建立以社会保障卡为载体的居民服务“一卡通”新格局。强化基础信息库建设，推进省级核心业务系统一体化整合。建成全国一体化人力资源和社会保障在线政务服务体系，持续推进跨省通办。加快推动12333智能化、多渠道建设。建立人力资源和社会保障大数据管理应用平台，促进与相关部门数据资源共享共用，推动主要业务数据实时上传，实现主要统计数据直接从经办库生成。逐步建成全网安全监测系统，提升信息安全保障能力。启动人力资源社会保障政务服务信息化工程（金保工程三期）建设。

专栏 12　人力资源社会保障政务服务信息化工程

01　全国统一的公共就业创业服务平台

依托就业监测、中国公共招聘网、“就业在线”等，实现各类就业创业信息全国共享和联网发布。优化全国失业登记入口服务，推进就业补助资金网上申报、网上审核、联网核查等，加强与社会保险、劳动关系、国家人口信息之间比对联动，提升全国统一的公共就业创业服务能力。

02　全国统一的社会保险公共服务平台

完善国家社会保险公共服务平台，建立健全社会保险转移接续信息系统，推动养老、失业保险关系转移，灵活就业人员参保，工伤异地就医结算等全国性、跨地区社会保险服务事项的业务办理。

续表

03 全国流动人员人事档案管理服务系统

构建统一的全国流动人员人事档案基础信息资源库，建设互联互通的全国流动人员人事档案管理服务运行系统，推动流动人员人事档案数据与就业、社会保险、人事人才、劳动关系、国家人口信息之间的比对联动，加强数字化档案建设，实现流动人员人事档案“一点存档、多点服务”。

04 全国统一的人事考试综合服务系统

构建全国一体的人事考试服务体系，完善统一的人事考试综合服务平台，完善精准选人用人和分级分类考试测评体系。强化考试安全体系建设。持续推进中央—省—市级人事考试基地建设。建成全国统一的人事考试指挥系统。

05 养老保险全国统筹信息系统

建成全国统一的养老保险全国统筹信息系统，集中管理全国养老保险数据。完善省级社会保险信息系统，实现多级业务联办，全程网上运行和监督。

06 建立居民服务“一卡通”

社会保障卡持卡人数达到14亿人，其中电子社会保障卡覆盖67%的人口。实现政务服务、社会保障、就医服务、城市服务线上线下“一卡通”应用，在长三角及其他有条件地区的交通出行、旅游观光、文化体验等方面率先实现“同城待遇”。

07 多层次社会保障信息平台

建成全国集中的个人养老金信息管理服务平台，支持养老保险多层次、多支柱发展。建成平台灵活就业人员职业伤害保障信息平台。完善全民参保库，汇聚全国社会保险核心业务数据，支持社保经办数字化转型。

第四节　加强人力资源和社会保障系统行风建设

开展人力资源和社会保障系统行风建设提升行动。动态调整人力资源和社会保障审批服务事项清单。深入实施人力资源和社会保障服务快办行动，持续开展“清减压”，推行证明事项和涉企经营许可事项告知承诺制，推进关联事项打包办、高频事项提速办、所有事项简便办、异地事项跨省通办、特殊情况上门办、服务下沉就近办，实现线上一网通办、线下只进一扇门、现场办理最多跑一次、社会保障卡一卡通办，不断优化老年人等特殊群体服务。持续开展业务技能练兵比武活动。全面开展人力资源和社会保障政务服务“好差评”，常态化开展调研暗访和“厅局长走流程”。持续开展人力资源和社会保障领域政策待遇“看得懂算得清”，继续开展人力资源和社会保障服务标兵主题宣传活动。

第五节 巩固拓展脱贫攻坚成果，推进乡村振兴

巩固人力资源和社会保障脱贫攻坚成果，突出西部 10 个省区市国家乡村振兴重点帮扶县，保持现有帮扶政策、资金支持、帮扶力量总体不变。依托东西部协作、对口支援、省内结对帮扶等地区协作机制，做好脱贫人口就业帮扶，推动农民扩大增收渠道，提高增收质量。规范管理公益性岗位，促进弱劳力、半劳力就地就近解决就业。推广以工代赈方式，带动脱贫人口、农村低收入人口就地就近就业。做好易地扶贫搬迁安置区就业帮扶。实施国家乡村振兴重点帮扶地区职业技能提升工程，增强职业技能培训资源供给，实现乡村有提升技能意愿的劳动力职业技能培训全覆盖。对低保对象、特困人员等低收入人口实施政府代缴城乡居民基本养老保险费政策。健全引导人才服务乡村振兴的长效机制，加大对乡村振兴重点帮扶县人才智力支持，增强其巩固脱贫成果及内生发展能力。

专栏 13 国家乡村振兴重点帮扶地区职业技能提升工程
01 **国家乡村振兴重点帮扶地区职业技能提升工程** 在国家乡村振兴重点帮扶县和西藏、新疆建设（新建、改扩建）100 个左右技工院校和职业培训机构，建设 100 个左右高技能人才培训基地和 100 个左右技能大师工作室，开发 100 个左右专项职业能力考核规范，培育 100 个左右知名劳务品牌，举办乡村振兴职业技能大赛，以在岗农民工、农业转移劳动力、返乡农民工、脱贫家庭劳动力为重点群体，大规模开展技工教育和职业培训，培养一批高技能人才和乡村工匠。

第八章 强化规划实施保障

人力资源和社会保障“十四五”规划意义重大，必须强化统筹协调，完善保障机制，确保规划确定的各项目标任务落到实处。

第一节 坚持依法行政

制定并实施《人力资源和社会保障法治建设实施方案（2021—2025 年）》。健全人力资源和社会保障法律制度体系，研究制定就业创业、社会保障、人才人事、劳动关系等方面的部门规章。深化行政审批制度改革，持续推进简政放权、放管结合、优化服务。加强依法行政制度建设，健全依法决策机制，提升行政规范性文件合法性审核工作质量，完善公职律师、法律顾问制度和行政复议、行政应诉工作制度。制定并实施人力资源和社会保障“八五”普法规划。

第二节　强化财力保障

加强中期财政规划与事业发展规划实施的衔接协调。积极争取有关部门加大对人力资源和社会保障事业的资金支持力度，加大就业创业和社会保障专项资金投入，支持重大项目实施，保障公共服务机构建设和正常运转。加大对欠发达地区开展基本公共服务的财政转移支付力度。推进预算绩效管理提质增效。盘活财政存量资金，提高财政资金使用效率。

第三节　加强监测评估

健全监测评估机制，加强对规划实施情况的动态监测、中期评估和总结评估，强化统计监测和评估分析，发挥统计监督作用和规划实施的预警预判作用。加强“数字人社”建设。推进人力资源和社会保障统计现代化。将规划实施情况纳入政府综合考核体系，作为考核各级政府解决民生问题的重要依据。

第四节 强化规划实施

加强规划实施的统筹协调和宏观指导，制定规划目标任务分解落实方案。加强年度计划编制实施，将规划确定的主要指标分解纳入年度计划指标体系，合理设置年度目标，并做好年度间综合平衡。按照规划实施进程，做好人力资源和社会保障领域宣传工作。加强国际交流合作。各地人力资源社会保障部门依据本规划，结合实际，制定实施本地区人力资源和社会保障事业发展规划，形成全国人力资源和社会保障规划体系。

人力资源社会保障部办公厅关于调整《人力资源和社会保障事业发展“十四五”规划》有关指标的通知

人社厅发〔2021〕96号

各省、自治区、直辖市及新疆生产建设兵团人力资源社会保障厅（局）：

根据《国务院关于印发“十四五”就业促进规划的通知》（国发〔2021〕14号）中“城镇新增就业”目标指标，现将《人力资源和社会保障事业发展“十四五”规划》主要目标中相关内容调整为“城镇新增就业5500万人以上”，相应调整专栏2中“城镇新增就业人数”2025年目标值为［>5500］。

人力资源社会保障部办公厅

2021年12月13日

扎实实施“十四五”规划 推动人力资源和社会保障事业高质量发展

——人社部负责人在人力资源和社会保障事业发展“十四五”规划实施动员部署视频会上的讲话

（2021年6月30日）

同志们：

今天会议的主题是，深入贯彻党的十九届五中全会精神，落实《中华人民共和国国民经济和社会发展第十四个五年规划和2035年远景目标纲要》（以下简称国家规划纲要）重点任务，对实施《人力资源和社会保障事业发展“十四五”规划》（以下简称人社“十四五”规划）工作进行动员部署，推进“十四五”

时期人力资源和社会保障事业高质量发展。下面，我讲三点意见。

一、提高政治站位，准确把握规划的重要意义

“十四五”时期是我国全面建成小康社会、实现第一个百年奋斗目标之后，乘势而上开启全面建设社会主义现代化国家新征程、向第二个百年奋斗目标进军的第一个五年。科学编制人社“十四五”规划，描绘未来五年人社事业发展蓝图并有效实施，对于发挥人社部门在巩固拓展全面建成小康社会和脱贫攻坚成果，接力推进我国社会主义现代化建设中的职能作用、促进人社事业发展具有重大而深远的意义。

（一）人社“十四五”规划是全面贯彻五中全会精神、细化落实国家规划纲要目标任务的重要举措

习近平总书记强调，用五年规划引领经济社会发展，是我们党治国理政的重要方式。党的十九届五中全会审议通过的《中共中央关于制定国民经济和社会发展第十四个五年规划和二〇三五年远景目标的建议》（以下简称《建议》）围绕立足新发展阶段、贯彻新发展理念、构建新发展格局，以推动高质量发展为主题，擘画了我国“十四五”时期的宏伟蓝图。国家规划纲

要按照中央《建议》确定的总体方向和重点思路，谋划了社会主义现代化新征程第一个五年的路线图，对未来五年经济社会发展作出了全面部署，是全国各族人民奋进新征程的共同行动纲领，也是人社部门更好履职尽责的重要依据。

国家规划纲要中，涉及人社工作的有两大指标，即城镇调查失业率控制在5.5%以内，基本养老保险参保率提高到95%；涉及人社的重点任务集中在就业、社会保障、人才队伍建设、工资收入分配等方面共5章11节，提出：实施就业优先战略，健全多层次社会保障体系，激发人才创新活力，优化收入分配结构等。人社“十四五”规划聚焦国家规划纲要对人社领域提出的战略任务进行针对性研究部署，逐项对表纲要中提出的目标指标、任务举措，从整体把握、协同推进的角度，制定细化落实的时间表和路线图。因此，人社“十四五”规划是国家规划纲要在人社领域的细化和延伸，贯彻实施好人社“十四五”规划，对于贯彻落实党中央国务院决策部署，具有重要意义。

（二）人社“十四五”规划是新阶段人社事业创新发展的重要引领

发挥国家发展规划的战略导向作用，是创新和完善宏观调控的重要内容，也是推进国家治理体系和治理能力现代化的内在要求。人社事业发展规划作为国家规划体系的组成部分，在人社领域发挥着战略导向作用，是引领人社事业发展的重要纲领性文件。

“十四五”时期，我国发展仍然处于重要战略机遇期，但机遇和挑战都有新的发展变化。当今世界正经历百年未有之大变局，新一轮科技革命和产业变革深入发展，新冠肺炎疫情影响广泛深远，不稳定性不确定性明显增加。我国已转向高质量发展阶段，但同时发展不平衡不充分问题仍然突出，民生保障存在短板。面对新机遇新挑战，人社“十四五”规划坚持立足新发展阶段、贯彻新发展理念、构建新发展格局，紧紧围绕基本实现现代化的各项目标要求谋篇布局、排兵布阵，把人社事业放到国民经济和社会发展全局中考量，部署了一系列具有创新性、突破性的重大政策、重要改革举措，同时聚焦补短板、强弱项，提出了有针对性的政策措施。这些政策措施的有效实施，对于引领新阶段人社事业高质量发展具有重要作用。

（三）人社“十四五”规划是实现人民对美好生活向往的重要抓手

习近平总书记指出，人民对美好生活的向往就是我们的奋斗目标。党的十九届五中全会把坚持以人民为中心作为“十四五”时期经济社会发展必须遵循的原则，强调坚持人民主体地位，坚持共同富裕方向，始终做到发展为了人民、发展依靠人民、发展成果由人民共享，维护人民根本利益，激发全体人民积极性、主动性、创造性，促进社会公平，增进民生福祉，不断实现人民对美好生活的向往。

人力资源社会保障部门作为重要的民生部门，在发展中肩负着重要的职责和使命。规划编制坚持理论研究和实际调研相结合、顶层设计和问计于民相统一，汇聚了基层群众、专家学者、人社系统干部职工的智慧，实现了人社发展战略和人民期盼意愿的统一。规划把坚持以人民为中心作为基本原则，把着力保障和改善民生、增进民生福祉落实到规划的制度安排和政策举措中，坚持尽力而为、量力而行，让发展成果更多更公平惠及全体人民，不断增强人民群众的获得感、幸福感、安全感。实施好规划，对于顺应人民对美好生活的新期待，促进共同富裕取得明显实质性进展，具有重要意义。

二、服务工作大局，全面完成规划提出的各项目标任务

人社“十四五”规划分为8章37节，明确了“十四五”时期人社事业发展的指导思想、基本原则和主要目标，部署了人社工作6个方面的重点任务，提出了规划的综合保障措施，是未来五年人社事业发展的重要指导性文件。

（一）准确把握“十四五”时期人社事业发展的指导思想和基本原则

规划贯彻五中全会精神，提出了“十四五”时期人社事业发展的指导思想，即以习近平新时代中国特色社会主义思想为指导，立足新发展阶段，贯彻新发展理念，促进构建新发展格局，坚持稳中求进工作总基调，以推动人力资源和社会保障事业高质量发展为主题，以深化人力资源和社会保障政策改革创新为主线，以满足人民日益增长的美好生活需要为根本目的，为全面建设社会主义现代化国家贡献积极力量。为更

好地体现指导思想，规划提出做到六个“坚持”，即必须坚持党的领导、坚持以人民为中心、坚持新发展理念、坚持深化改革、坚持系统观念、坚持依法行政。

指导思想和基本原则，共同构成了“十四五”时期人社事业发展的指导方针，是贯彻落实中央精神的具体体现，是新时代人社事业发展规律的集中表现，是未来五年统筹推进人社各项工作的基本遵循，全系统要进一步统一认识，深入理解，并切实运用到人社事业各项工作中去。

（二）全力完成“十四五”时期人社事业发展各项目标和主要指标

规划中展望了2035年人社事业发展远景目标，提出“十四五”时期人社事业发展的六大主要目标。在此基础上，从支撑主要目标实现、突出人社领域发展重点出发，提出了就业、社保、人才、劳动关系和公共服务5类19项具体指标。与“十三五”规划相比，新增了10项指标，减少了4项指标，调整了1项指标，这是根据中央的新精神新要求，紧密结合人社事业发展实际调整变动的。这些指标，既着眼人社事业发展的整体和长远考虑，又体现了党中央对新发展理念的要求。指标值的确定，坚持实事求是、科学合理、尽力而为、量力而行，同时也为应对不确定性预留了空间。

这些目标和指标的完成，将为全面建设社会主义现代化国家奠定坚实基础，直接体现人社事业高质量发展的成效。各级人社部门要采取有力措施，分类部署、分步推进，合理确定年度工作目标，调动各方面力量不折不扣地完成任务。

（三）全面落实“十四五”时期人社事业各项重点任务

规划对 6 个方面的重点任务作了阐述，体现了人社领域对新发展阶段、新发展理念、新发展格局的整体把握、系统贯彻和一体落实。各级人社部门要统筹推进，扎实有效实施好各项任务举措。

第一，推动实现更加充分更高质量就业。就业是民生之本、财富之源，是最大的民生工程、民心工程、根基工程，是社会稳定的重要保障。“十四五”时期劳动力供求深度调整，就业压力依然存在，结构性矛盾将成为就业领域的主要矛盾。因此，要强化就业优先政策，健全有利于更加充分更高质量就业的促进机制，扩大就业容量，提升就业质量，缓解结构性就业矛盾。要健全终身职业技能培训制度，全面提升劳动者技术技能素质。“十四五”期间实现城镇新增就业 5000 万人以上，城镇调查失业率控制在 5.5%以内，城镇登记失业率控制在 5%以内。

第二，健全多层次社会保障体系。社会保障是民生之基，与人民幸福安康息息相关，是治国安邦的大问题，是关系到老百姓切身利益的问题，也是媒体关注的焦点问题。“十四五”时期，人口老龄化程度持续加深，社会保障制度的可持续发展面临挑战。因此，要全面实施全民参保计划，实现法定人员应保尽保，基本养老保险参保率达到 95%。建立实施企业职工基本养老保险全国统筹制度，稳妥实施渐进式延迟法定退休年龄，发展多层次、多支柱养老保险体系，实现失业保险省级统筹，推进工伤保险省级统筹更加完善。推进社会保险待遇水平与经济社会发展的联动调整，加强社会保险基金监管，提升社会保障经办管理服务水平。

第三，激发人才创新活力。人才是发展的第一资源，是供给侧结构性改革的动力之源，是创新驱动发展、科技自立自强的最关键因素。当前，制约和影响人才发展的体制机制障碍尚未根除，事业单位人事制度改革有待进一步深化。"十四五"时期，要深入实施人才强国战略，深化人才发展体制机制改革，加强专业技术和技能人才队伍建设。建立健全符合分类推进事业单位改革要求的人事管理制度。破除劳动力和人才在城乡、区域和不同所有制单位间的流动障碍。完善国家表彰奖励制度体系。

第四，深化企事业工资收入分配制度改革。工资收入分配是实现发展成果由人民共享的重要途径，关乎社会的公平正义。形成合理有序的工资收入分配格局，进一步缩小分配差距，关系到能否实现全体人民共同富裕的目标。当前，城乡收入分配差距依然较大，中等收入群体比重偏低。"十四五"时期，要深化企业工资决定机制改革，健全工资决定、合理增长和支付保障机制。完善最低工资制度，健全最低工资标准正常调整机制。深化国有企业工资分配制度改革。改革完善事业单位薪酬制度。促进扩大中等收入群体。

第五，构建和谐劳动关系。劳动关系是最基本的社会关系之一，协调稳定的劳动关系是社会和谐的重要基础。“十四五”时期，产业转型升级、就业方式多样化加快发展对协调劳动关系提出了新挑战。因此，要健全劳动关系协调机制，加强协调劳动关系三方机制建设。完善劳动合同制度，规范劳务派遣用工行为。完善劳动人事争议调解仲裁体制机制，提升劳动保障监察执法效能，完善欠薪治理长效机制。加快推进农民工市民化。

第六，提高基本公共服务能力和质量。公共服务关乎民生，连接民心，是为民服务的重要载体，保障人人享有基本公共服务是政府的重要职责。当前，人力资源社会保障公共服务与人民群众的期待尚有差距。“十四五”时期，要加强人力资源和社会保障公共服务体系建设，推进基本公共服务均等化、标准化和信息化建设。推动建立以社会保障卡为载体的居民服务“一卡通”新格局。开展人社系统行风建设提升行动。巩固拓展人社脱贫攻坚成果，推进乡村振兴。

（四）着力抓好专栏中重大项目的落实

人社“十四五”规划设置了13个专栏，其中既有指标，又有重大政策、重大项目、重大行动计划。专栏的内容一方面紧紧围绕中央《建议》和国家规划纲要关于人社工作的部署，对重点内容进行了细化，对职业技术教育、教育强国推进工程等人社部门参与的重点工程项目进行了具体分解和安排，如企业职工基本养老保险全国统筹制度、专业技术人才知识更新工程、技工教育质量提升工程、人力资源社会保障政务服务信息化工程等。另一方面，结合人社工作实际情况，提出一系列支撑重点任务落实的具体项目和举措，如就业创业促进计划、人力资源服务业高质量发展行动、技能中国行动、劳动关系“和谐同行”能力提升行动等。

这些专栏项目，是完成“十四五”规划任务的具体抓手、路径和载体，也是人社事业为构建新格局提供的有力支撑。各级人社部门特别是省市区人社部门，要结合实际，细化专栏项目内容，做好可行性研究分析和具体资金测算工作，积极争取各级发改、财政等有关部门支持，同时要发挥示范引领作用，引导市场主体参与，扩大项目实施的效果。

三、注重协同高效，切实抓好规划实施工作

习近平总书记指出，要“崇尚实干、狠抓落实”，“要把抓落实作为开展工作的主要方式”，坚决克服

“规划是一套、做起来是另一套”的现象。“十四五”人社事业发展蓝图已经绘就，我们要以“一分部署、九分落实”的精神状态，勠力同心，担当作为，确保完成规划提出的各项目标任务。

（一）细化规划实施责任分工

各级人社部门要加强对规划实施工作的组织领导，研究制定具体实施方案，细化时间表和路线图，明确目标任务分工和责任主体。强化统筹协调和支持保障，定期调度通报规划实施进展情况，确保各项目标任务落实到位。

（二）健全规划实施保障机制

各级人社部门要强化政策协调和工作协同，加强与国家重点区域发展规划的衔接。要积极主动向当地党委和政府汇报，争取党委和政府的领导和支持。要健全人力资源和社会保障法制建设，坚持依法行政。加强中期财政规划与事业发展规划实施的衔接协调，强化财力支撑，为规划实施提供保障。

（三）加强规划实施监测评估

各级人社部门要健全监测评估机制，加强动态监测、中期评估和总结评估。强化统计监测和考核办法，发挥统计监督作用。要依照规划合理设置年度目标和年度计划指标体系，做好年度间综合平衡。把规划实施情况争取纳入党委、政府综合考核体系，作为考核解决民生问题的重要依据。

（四）加强规划宣传解读工作

规划的发布会引起社会的关注，要做好解读工作。解读中要换位思考，要把与人民群众切身利益紧密相关的政策解读好。从系统来讲，要加强宣传解读培训，形成共识，为规划实施奠定基础。同时要创新宣传形式，通过多种方式，帮助社会特别是基层理解认同规划，赢得社会公众的支持，为规划实施营造良好氛围。

（五）抓紧制定出台本地区的规划

目前，各地规划已基本完成起草编制工作。要进一步对照部里印发的规划进行必要的修改完善，确保重要指标和重点任务衔接一致。各省市区人社事业发展规划及各项重点专项规划印发后要送部里，以便部里统筹掌握各地规划印发进度。

同志们！贯彻实施规划，推进新时代人力资源和社会保障事业高质量发展，任务艰巨、使命光荣。我们要紧密团结在以习近平同志为核心的党中央周围，坚持以习近平新时代中国特色社会主义思想为指导，不断提高政治判断力、政治领悟力、政治执行力，提高规划实施的责任感和使命感，增强规划实施主动性和创造性，共同推动规划全面落实，在全面建设社会主义现代化新征程中做出人社部门、人社干部应有的积极贡献。

人力资源和社会保障事业发展“十四五”规划指标解释

一、就业

1. 城镇新增就业人数（万人）。指报告期内，本地区城镇累计新就业人员数与自然减员人数之差。其中，城镇新就业人员数是指城镇区域内由未就业转为就业状态的劳动年龄内人数总和，包括通过城镇各类单位、个体工商户、公益性岗位和灵活形式新实现就业的人员；自然减员人数是指因退休、伤亡等自然原因减少的人数。

2. 城镇调查失业率（%）。指城镇失业人口占城镇就业人口与失业人口之和的百分比。就业人口指年满16周岁，为取得报酬或经营利润，在调查参考周从事了1小时（含1小时）以上劳动的人口；或由于在职学习、休假、单位临时停工等原因暂时未工作的人口。失业人口指年满16周岁，具有劳动能力、不在就业状态，在调查时点前一段时间采取了某种方式寻找工作，且如果有工作机会可以在短时间内开始工作的人口。城镇调查失业率来源于国家统计局全国劳动力调查。

3. 城镇登记失业率（%）。指报告期末城镇登记失业人员数占期末城镇就业人员总数与期末实有城镇登记失业人员数之和的比重。城镇登记失业人员是指在劳动年龄（16 周岁至法定退休年龄）内，有劳动能力，处于无业状态，有就业要求，并在公共就业服务机构进行登记的城镇常住人员。

4. 开展补贴性职业技能培训人次（万人次）。指报告期内参加补贴性职业技能培训的人次数。

5. 农民工参加职业培训人次（万人次）。每年在岗农民工、城镇待岗和失业农民工、农村新转移劳动力、返乡农民工等参加补贴性职业技能培训的人次数。

二、社会保障

6. 基本养老保险参保率（%）。指我国参加城镇职工基本养老保险和城乡居民基本养老保险的人数（完成参保登记并有过缴费记录的人数）占法定应参保人数（16 周岁以上人口减去全日制在校学生和现役军人）的比例。

7. 失业保险参保人数（亿人）。指报告期末城镇企业、事业单位职工参加失业保险的人数及按地方规定参加失业保险的其他人员人数之和。

8. 工伤保险参保人数（亿人）。指报告期末参加工伤保险的人数，包括按工伤保险条例规定参保的职工人数和有雇工的个体工商户的雇工数，以及按地方规定参加工伤保险的其他人员人数。

9. 城乡居民基本养老保险基金委托投资资金总额（亿元）。根据基本养老保险基金委托投资合同约定，各省（区、市）在报告期末委托全国社会保障基金理事会投资运营的城乡居民基本养老保险基金累计金额。

10. 补充养老保险基金规模（万亿元）。报告期末企业年金和职业年金积累基金总金额。

三、人才人事

11. 新增取得专业技术人员职业资格证书人数（万人）。指报告期内新增取得专业技术人员职业资格的人数。

12. 博士后研究人员年招收数（万人）。指每年新招收博士后研究人员数量。

13. 新增取得职业资格证书或职业技能等级证书人

数（万人次）。指报告期内新增取得职业资格证书或职业技能等级证书的人次数。

14. 新增取得高级工以上职业资格证书或职业技能等级证书人数（万人次）。指报告期内取得高级工、技师、高级技师职业资格证书或职业技能等级证书的人次数。

四、劳动关系

15. 劳动人事争议调解成功率（%）。指调解组织和仲裁机构调解成功案件数占当期审结案件数的比例。

16. 劳动人事争议仲裁结案率（%）。指仲裁机构当期审结案件数占当期立案受理案件和上期末累计未结案件总数的比例。

17. 劳动保障监察举报投诉案件结案率（%）。指报告期内，人力资源社会保障行政部门在法定期限内结案的劳动保障监察举报投诉案件数，与法定期限内应当结案的劳动保障监察举报投诉案件数的比率。

五、公共服务

18. 社会保障卡持卡人数（亿人）。指报告期末实际持有符合全国统一标准的中华人民共和国社会保障卡的人员数量。包括因卡损坏、遗失或有效期满等原因处于补卡、换卡过程中的人数，补卡、换卡的数量不重复计算。

19. 申领电子社保卡人口覆盖率（%）。指报告期末实际申领符合全国统一标准的电子社会保障卡的人数占当地常住人口数的百分比。

规划解读

推动实现更加充分更高质量就业

一、“十三五”时期就业工作取得的成就

“十三五”期间，面对错综复杂的国际形势、艰巨繁重的国内改革发展稳定任务，特别是新冠肺炎疫情的严重冲击，党中央、国务院始终坚持以人民为中心，将就业摆在“六稳”“六保”工作首位，创新实施就业优先政策并置于宏观层面，推动就业工作取得积极进展，就业形势保持总体稳定。

（一）就业目标任务圆满完成

城镇新增就业 6564 万人，超额完成 5000 万人的目标任务。城镇登记失业率维持在 4.2%以下的较低水平，低于 5%以内的预期控制目标。城镇调查失业率正式发布，2020 年底为 5.2%。

（二）就业结构持续优化

城镇就业人数稳定增长，2020 年达 4.6 亿人，占比从 2016 年的 55.2%升至 2020 年的 61.6%。第三产

业就业规模扩大，2020 年达 3.6 亿人，占比从 2016 年的 43.3%升至 2020 年的 47.7%。中西部地区劳动者就近就地就业和返乡创业增多，区域就业结构更趋均衡。

(三) 重点群体就业基本稳定

高校毕业生人数连年增长，就业水平保持稳定。农民工总量继续扩大，从 2016 年的 28171 万人增至 2020 年的 28560 万人。就业扶贫扎实推进，超额完成"通过转移就业解决 1000 万人脱贫"的目标任务，2020 年底全国贫困劳动力务工规模为 3243 万人。困难群体得到有效帮扶，累计实现失业人员再就业 2720 万人，就业困难人员就业 873 万人，分流安置钢铁煤炭行业去产能职工 140 万人，转产安置退捕渔民近 13 万人。

(四) 劳动者素质普遍提高

劳动年龄人口平均受教育年限从 10.2 年提高到 10.8 年。技能劳动者总量由 1.3 亿人增至 2 亿人，技能人才总量稳步增长、结构不断改善。

(五) 就业质量稳步提升

职工工资收入合理增长，劳动权益保障加强。社会保障覆盖面持续扩大，保障水平逐步提高。“双创”工作蓬勃开展，新就业形态不断涌现，成为就业新的增长点。

二、“十三五”时期就业工作的主要经验

对于一个拥有 14 亿人口的发展中大国，保持就业局势总体稳定，实属不易，根本在于以习近平同志为核心的党中央坚强领导，根本在于习近平新时代中国特色社会主义思想的科学指引，同时也得益于各方面的不懈努力和艰苦付出。

（一）坚持就业优先聚合力

坚持经济发展就业导向，强化财政、货币等政策与就业政策协同联动，创新实施以保就业为下限的区间调控方式，稳定就业增长基本盘。国务院成立就业工作领导小组，各地区、各部门高度重视就业工作，汇聚稳就业工作合力。

（二）坚持完善政策强助力

国务院每年制定出台就业创业综合文件，聚焦支持企业稳定岗位、促进重点群体就业创业、支持新就业形态发展，出台减税降费、稳岗返还、鼓励创业等一系列新的政策举措。五年来，各级就业补助资金累

计支出 4427 亿元，年均有近 1 亿人次劳动者享受各项就业补贴政策。

（三）坚持创业创新添动力

深化“放管服”改革，持续优化营商环境，改革红利不断释放，市场主体创新创业活力迸发，2020 年底市场主体总数达到 1.4 亿户。新业态、新模式加速涌现，劳动者就业渠道更加多元。

（四）坚持强化服务增活力

健全覆盖城乡的公共就业创业服务体系，持续开展春风行动、就业援助月、百日千万网络招聘等线上线下专项活动，扎实推进职业技能提升行动，为应对市场波动提供了重要保障。各级公共就业和人才服务机构年均为 8000 万人次劳动者提供登记求职、职业指导、职业介绍等服务，为 5000 万户次用人单位提供用工招聘服务。五年来，全国组织开展补贴性职业技能培训近 1 亿人次。

（五）坚持防范风险守底线

持续跟踪国际形势变化和政策调整，积极应对中美经贸摩擦、新冠肺炎疫情影响，强化政策储备。加强就业形势研判，做好就业统计调查，建立就业大数据监测网络，密切关注重点行业、重点地区、重点群体形势变化，及时捕捉风险隐患，全力稳定就业局势。

三、“十四五”时期就业工作面临的形势和挑战

“十四五”时期是我国全面建成小康社会、实现第一个百年奋斗目标之后，乘势而上开启全面建设社会主义现代化国家新征程、向第二个百年奋斗目标进军的第一个五年。我国发展仍然处于重要战略机遇期，就业工作也面临重大契机。党中央、国务院高度重视就业问题，实施就业优先战略，为实现更加充分更高质量就业提供了根本保证。我国已转向高质量发展阶段，以国内大循环为主体、国内国际双循环相互促进的新发展格局加快构建，经济稳中向好、长期向好，为就业长期稳定创造了良好条件。新一轮科技革命和产业变革深入发展，新型城镇化、乡村振兴孕育巨大发展潜力，新的就业增长点不断涌现。劳动力市场协同性增强，劳动力整体受教育程度上升，社会性流动更加顺畅，为促进就业夯实了人力资源支撑。

但也要看到，我国人口结构与经济结构深度调整，劳动力供求两侧均出现较大变化，就业工作面临许多

新的挑战。国际环境日趋复杂，不稳定性不确定性明显增加，对就业的潜在冲击需警惕防范。产业转型升级、技术进步对劳动者技能素质提出了更高要求，“就业难”与“招工难”并存，结构性就业矛盾更加突出，将逐步上升为就业领域主要矛盾。就业总量压力依然存在，促进青年人员、农民工、大龄劳动者等重点群体就业任务艰巨，规模性失业风险不容忽视。灵活就业人员和新就业形态劳动者权益保障亟待加强，就业公平任重道远。人工智能等技术加速应用，对就业的替代效应将会持续显现。

四、“十四五”时期就业工作重点任务

就业是最大的民生，也是经济发展最基本的支撑。“十四五”时期，人力资源和社会保障部门将坚持以习近平新时代中国特色社会主义思想为指导，深入贯彻党的十九大和十九届二中、三中、四中、五中全会精神，坚持稳中求进工作总基调，立足新发展阶段，贯彻新发展理念，构建新发展格局，统筹发展和安全，以实现更加充分更高质量就业为主要目标，深入实施就业优先战略，健全有利于更加充分更高质量就业的促进机制，完善政策体系、强化培训服务、注重权益

保障，千方百计扩大就业容量，努力提升就业质量，着力缓解结构性就业矛盾，切实防范和有效化解规模性失业风险，不断增进民生福祉，推动全体人民共同富裕迈出坚实步伐。

（一）强化就业优先政策

坚持经济发展就业导向，将更加充分更高质量就业作为经济社会发展的优先目标，将稳定和扩大就业作为宏观调控的下限，健全财政、货币、就业等政策协同和传导落实机制，强化就业影响评估，实现经济增长与就业扩大良性互动。健全就业目标责任考核机制，建立更加充分更高质量就业的考核评价体系。

（二）健全就业创业公共服务体系

实施就业服务质量提升工程，健全覆盖全民、贯穿全程、辐射全域、便捷高效的全方位公共就业服务体系。加强基层公共就业创业服务平台建设，建设一批劳动力市场、人才市场、零工市场，为劳动者和企业免费提供政策咨询、职业介绍、用工指导等服务。推进公共就业服务基础设施标准化建设，提升城镇公共就业服务能力。引导社会力量广泛深入参与就业服务，推进公共就业服务机构与社会民营机构的合作。

健全劳务品牌建设机制，加强劳务品牌发现培育，打造一批叫得响的劳务品牌。

（三）完善重点群体就业支持体系

坚持把高校毕业生等青年就业作为重中之重，完善就业创业支持体系，结合产业升级、区域发展、乡村振兴等重大战略实施开发适合高素质青年群体的就业岗位，拓宽市场化社会化就业渠道。统筹实施“三支一扶”计划等基层服务项目，引导更多毕业生到城乡基层、中西部、艰苦边远地区就业。强化不断线就业服务，对困难毕业生和长期失业青年实施就业帮扶。加强跨区域精准对接，引导农民工有序外出就业，支持就地就近就业。畅通失业人员求助渠道，健全失业登记、职业介绍、职业培训、职业指导、生活保障联动机制。健全统筹城乡的就业援助制度，统筹做好退役军人、妇女、残疾人等群体就业工作。

（四）促进创业带动就业、多渠道灵活就业

深化“放管服”改革，对新产业新业态实施包容审慎监管。建立健全创业带动就业扶持长效机制，加大初创实体支持力度，支持农民工等人员返乡入乡创业。支持建设一批高质量创业孵化示范基地等创业载体和创业园区，提升线上线下创业服务能力。组织各级各类创业推进和指导活动，开展创业型城市创建工作。持续推动多渠道灵活就业，鼓励个人经营，增加非全日制就业机会，支持和规范发展新就业形态，清理取消不合理限制灵活就业的规定。

（五）全面提升劳动者就业创业能力

健全终身职业技能培训制度，持续大规模开展职业技能培训。深入实施职业技能提升行动和重点群体、重点行业领域专项培训计划，广泛开展新业态新模式从业人员职业技能培训，有效提高培训质量。发挥各级各类职业技能培训资金效能，创新使用方式，畅通培训补贴直达企业和培训者渠道。建设一批高技能人才培训基地和公共实训基地，推动培训资源共建共享。广泛开展新职业技能竞赛活动。

（六）建设高标准人力资源市场体系

深入实施人力资源服务业高质量发展行动，加快建设统一规范、竞争有序的人力资源市场，推动人力资源服务创新发展。建设高标准人力资源市场体系，促进就业创业。推动人力资源服务和互联网深度融合。组织开展形式多样的诚信服务活动，选树一批诚信人力资源服务示范典型。探索创新网络招聘等领域监管手段，严厉打击就业歧视、非法职介等侵害劳动者权益的违法行为。

（供稿单位：就业促进司）

引导鼓励高校毕业生到基层工作

“十三五”时期，人力资源社会保障部贯彻落实党中央、国务院关于进一步引导和鼓励高校毕业生到基层工作的决策部署，会同中央组织部、教育部、财政部、水利部、农业农村部、国家卫生健康委、原国务院扶贫办、团中央等部门联合实施第三轮高校毕业生“三支一扶”计划，瞄准打赢脱贫攻坚战、全面建成小康社会对人才的需求，不断健全工作机制、强化培养锻炼、提升管理服务、完善保障体系，共选派15.5万名高校毕业生到基层一线从事支农、支教、支医和扶贫等服务。

一、“十三五”时期高校毕业生“三支一扶”计划基本情况及主要做法

（一）聚焦脱贫攻坚，完善选拔招募机制

一是招募名额持续向贫困地区倾斜。每年新增招募名额主要用于贫困地区，重点支持“三区三州”和

贫困县，五年共为“三区三州”选派 1.6 万名高校毕业生。二是招募岗位优先向扶贫岗位倾斜。五年共选派 4.9 万名毕业生直接参与扶贫，占总招募人数的 31.7%。三是招募人员向贫困地区和贫困毕业生倾斜。重点针对贫困地区和贫困毕业生积极推行“三放宽一优先”政策。

（二）实施能力提升计划，强化培养锻炼

一是建立完善培训制度。组织开展岗前培训、在岗培训、离岗前培训，中央财政投入 9360 万元，支持开展能力提升专项培训 3.12 万人次。二是立足岗位实践培养锻炼。指导基层服务单位建立“导师制”培养模式，选派经验丰富、能力突出的业务骨干进行传帮带，安排到重要岗位实践锻炼。三是促进扎根基层成长成才。对服务期满人员跟踪培养，推动与高校毕业生基层成长计划有机衔接，一大批服务期满人员逐步成长为乡镇站所负责人和学校、医院技术骨干，成为促进基层发展的中坚力量。

（三）加大投入力度，健全服务保障体系

一是提高工作生活补贴标准。五年来，中央财政累计投入 62 亿元，两次提高工作生活补贴标准，并新设一次性安家费，东、中、西部地区"三支一扶"人员工作生活补贴标准平均增长50%以上。二是完善社会保险等多重保障。各地普遍落实基本养老保险、基本医疗保险等，部分省份还为"三支一扶"人员提供大额医疗保险、补充医疗保险、人身意外伤害保险、住房公积金，建立年度绩效考核机制等。三是加强关心关爱。建立完善管理服务制度，广泛搭建交流平台，落实有效、有序、有心、有情的日常管理服务。

（四）加强政策支持，拓宽期满流动渠道

一是构建多层次流动渠道。完善公务员定向招录、事业单位专项招聘、强化就业服务、扶持自主创业、支持升学等多层次政策措施，促进多渠道流动发展，当年底期满人员中93%实现就业，约80%留在基层。二是着力推动直接考察落编。积极探索通过直接考察方式将服务期满考核合格人员留在原服务单位并落实编制，为基层留住急需人才。三是加强就业创业服务。充分发挥人力资源社会保障部门职能优势，组织开展专场招聘会，积极向各类用人单位推荐，提供政策咨询、职业指导和岗位信息，并将有创业意愿的纳入创业引领计划，帮助期满人员实现就业创业。

（五）创新宣传引导，营造投身基层氛围

一是开展主题学习宣传活动。中央宣传部、人力资源社会保障部联合开展“最美基层高校毕业生”学习宣传活动，遴选产生10名“最美基层高校毕业生”和29名“最美基层高校毕业生提名奖”获得者，在中央广播电视总台举办先进事迹发布仪式，组织赴5省市9所高校巡回宣讲，广泛宣传基层高校毕业生青春报国、担当奉献的宝贵精神，积极营造“到基层去、到祖国最需要的地方去”建功立业、成长成才的社会氛围。二是及时宣传优秀典型。各地注重在日常工作中挖掘“三支一扶”人员优秀典型，利用新媒体及时灵活开展宣传，积极弘扬“三支一扶”精神。新冠肺炎疫情期间，各地密切关注奋战在基层联防联控一线的“三支一扶”人员，及时宣传他们冲锋在前、青春担当的感人事迹，为他们加油鼓劲。三是大力宣传“三支一扶”政策措施。每年招募季，各地面向高校学生大力宣传党和国家引导鼓励毕业生到基层工作的决策部署和“三支一扶”计划政策措施，邀请优秀“三支一扶”人员回校宣讲，让更多高校学生了解国家决策部署，引导他们积极面向基层就业创业。

二、“十三五”时期高校毕业生“三支一扶”计划主要工作成效及问题

“三支一扶”计划自2006年实施以来，已累计选派43.1万名高校毕业生到2300余个区县的基层单位服务，为基层输送了一大批宝贵人才，特别是第三轮“三支一扶”计划在助力脱贫攻坚、推动基层经济社会发展、促进高校毕业生就业和锻炼成长等方面发挥了重要作用，成为一项重要的人才工程、民生工程和就业工程。

（一）优化改善了基层人才队伍结构

五年来，一大批有知识、懂技术、思想活跃的高校毕业生通过“三支一扶”计划投身基层，在一定程度上改善了基层人才队伍的年龄、学历和知识结构，缓解了基层人才匮乏矛盾。同时，“三支一扶”人员也通过基层实践，锤炼了意志品质，积累了工作经验，为走好今后的人生道路打下了坚实基础。

（二）有效促进了基层经济社会事业发展

“三支一扶”计划服务岗位涵盖了基层发展主要领域，“三支一扶”人员身处服务群众一线，广泛参与脱贫攻坚、教育、农业、医疗卫生和社会保障等民生工作，为推动基层各项民生事业发展做出积极贡献。新

冠肺炎疫情发生后，全国5.5万名“三支一扶”人员特别是5700多名支医人员迅速投入基层联防联控工作，成为基层抗疫的重要力量。

（三）积极助推了高校毕业生选择基层成长成才

近年来，越来越多的毕业生认识到基层是经受历练、成长成才的大熔炉，是奉献社会、实现价值的大舞台，“到基层去、到祖国最需要的地方去”成为毕业生的重要就业选择。“三支一扶”计划报考人数逐年上升，人员素质逐步提升。“锻炼自己，积累经验”“热爱城乡基层，参与基层公共服务”成为高校毕业生选择参加“三支一扶”计划的主要原因。服务期满后，多数“三支一扶”人员选择留在基层，成为推动基层发展的重要力量。

但是，“三支一扶”计划在实施过程中也同样面临着一些问题，例如，支医类岗位招募难度较大，岗位流失率偏高；受编制等因素影响，期满人员基层留用渠道还不够畅通等。

三、“十四五”时期高校毕业生“三支一扶”计划的政策思路

2021年5月28日，人力资源社会保障部会同中央

组织部、教育部、财政部等部门印发《关于实施第四轮高校毕业生“三支一扶”计划的通知》，明确第四轮“三支一扶”计划将紧紧围绕基层全面实施乡村振兴战略对人才的需求，以培养党和国家事业发展需要的基层人才为根本，以服务基层、改善基层人才队伍结构为目的，以稳定规模、优化结构、提高质量、发挥作用为重点，每年选派3.2万名左右高校毕业生到基层从事支教、支农、支医和扶贫等服务，为基层全面推进乡村振兴、加快农业农村现代化提供人才和智力支持。

（一）全力服务乡村振兴战略

瞄准基层全面实施乡村振兴战略对各类人才的需求，进一步丰富拓展服务岗位类型。继续对脱贫地区、乡村振兴重点帮扶县倾斜支持，推动巩固拓展脱贫攻坚成果同乡村振兴有效衔接。

（二）持续优化招募质量

结合实际，合理确定年度实施规模，优化招募人员结构。进一步完善工作生活补贴政策，指导地方加强资金配套，强化服务保障措施。

（三）推动扎根基层成长成才

坚持严管与厚爱相结合，完善培训体系，加大能力提升专项计划实施力度，强化实践锻炼，健全管理考核制度，加强关心爱护。畅通服务期满基层留用渠道，继续将扎根基层人员纳入高校毕业生基层成长计划重点跟踪培养，构建短期项目支持与长期跟踪服务相结合的毕业生基层成长政策体系。

（四）加强宣传引导

深入挖掘扎根基层高校毕业生的先进典型，加大先进事迹宣传力度，深化“最美基层高校毕业生”学习宣传活动，更多采用适应青年学生特点的方式宣传典型、宣讲政策，更好引导和鼓励高校毕业生面向基层就业。

（供稿单位：人力资源流动管理司）

建设高标准人力资源市场体系（一）

“十三五”时期，人力资源社会保障部门贯彻落实党中央国务院决策部署，坚持发挥市场在人力资源配置中的决定性作用和更好发挥政府作用，加快推进人力资源市场建设，统一规范的人力资源市场体系基本形成，市场活力充分释放，有力促进就业和人才流动配置。

一、“十三五”时期人力资源市场建设工作取得的主要成就

（一）人力资源市场法规建设取得重大进展

2018 年 6 月 29 日，国务院颁布《人力资源市场暂行条例》，这是改革开放以来，第一部系统规范我国人力资源市场的行政法规，为推动人力资源市场健康发展提供了法制保障。贯彻落实《外商投资法》精神，2019 年 12 月 31 日，人力资源社会保障部对《人才市

场管理规定》《中外合资人才中介机构管理暂行规定》《中外合资中外合作职业介绍机构设立管理暂行规定》三件部门规章进行了专项修订。2020 年 12 月 18 日，人力资源社会保障部制定出台《网络招聘服务管理规定》，进一步规范网络招聘服务活动，促进就业和人力资源流动配置。

（二）“放管服”改革不断深化，营商环境持续优化

贯彻落实“放管服”改革精神，先后印发《人力资源社会保障部关于“先照后证”改革后加强人力资源市场事中事后监管的意见》和《人力资源社会保障部关于进一步规范人力资源市场秩序的意见》，依法规范实施人力资源服务许可，推广“双随机、一公开”监管方式，实行年度报告公示制度，持续开展市场秩序清理整顿专项行动，切实加强事中事后监管。贯彻落实《国务院关于在自由贸易试验区开展“证照分离”改革全覆盖试点的通知》要求，在全国自贸区内试点开展人力资源服务许可告知承诺制，进一步简化优化审批流程。

（三）诚信建设和标准化建设持续推进

持续开展人力资源服务机构诚信服务主题创建活

动，发挥诚信服务典型机构带动作用，守信激励机制初步形成。出台有关流动人员人事档案管理服务、人力资源培训服务等 15 项国家标准，各地积极探索建立地方标准，如北京颁布实施了《人力资源服务规范》《人力资源服务机构等级划分与评定》，上海颁布实施了《高级人才寻访服务质量与评价要求》和《人才测评服务规范》，人力资源服务标准化、规范化进程不断推进。

（四）人力资源市场运行机制更加健全

自 2017 年起，每年组织实施“西部和东北地区人力资源市场建设援助计划”，支持西部和东北地区 15 省（市）和新疆生产建设兵团组织开展东西部省份人力资源市场对接培训、交流合作等活动，推进人力资源市场协同发展。每年组织全国人力资源市场高校毕业生就业服务周活动，更好促进高校毕业生市场化社会化就业。印发《人力资源社会保障部办公厅关于进一步做好人才公共服务机构市场供求信息发布工作的通知》，健全人力资源市场供求信息发布制度，定期开展人才公共服务机构市场供求信息分析发布工作，有效引导各类人力资源合理流动和有效配置。

二、人力资源市场建设工作存在的问题

市场发展尚不平衡，有些地区市场建设滞后，专业性行业性人才市场有待加强；《人力资源市场暂行条例》虽已制定出台，但配套法规规章及地方性法规制定工作有待跟进，政策法规体系还需要不断健全；随着市场准入门槛的降低，市场主体数量迅速增加，市场活动形式日益多样，人力资源市场中无证经营、提供虚假招聘信息等违法违规问题时有发生。

三、十四五时期人力资源市场建设工作政策思路

（一）健全人力资源市场法规体系

贯彻实施《人力资源市场暂行条例》，适时修订条例、制定配套规章。指导各地制定出台人力资源市场地方性法规或规章，形成上下贯通的人力资源市场法规体系。实施《网络招聘服务管理规定》，瞄准市场管理特别是网络招聘的关键领域、薄弱环节，加大执法力度，规范各类市场主体行为，切实保障劳动者合法权益。

（二）加强人力资源市场事中事后监管

在全国范围内推行人力资源服务许可告知承诺制，全面推行“双随机、一公开”监管，开展市场专项整

治行动，营造良好市场环境，持续开展诚信服务主题创建活动，推进信用分级分类监管，组织开展形式多样的诚信服务活动，指导地方选树一批诚信人力资源服务典型，在全行业营造诚信服务的良好风尚。加强人力资源市场标准化建设。

（三）继续推进人力资源市场建设

新建一批国家级专业性、行业性、区域性人力资源市场，充分发挥专业行业优势和区域性人力资源市场集聚发展和辐射带动作用。实施西部和东北地区人力资源市场建设援助计划，推动西部和东北地区人力资源市场建设，促进人力资源市场协同发展。建设高标准人力资源市场服务体系，开展市场供求信息监测，及时准确掌握市场动态，有效提高人力资源配置效率。

（供稿单位：人力资源流动管理司）

建设高标准人力资源市场体系（二）

人力资源服务业是为劳动者就业和职业发展、用人单位管理和开发人力资源提供相关服务的专门行业，主要包括招聘、人力资源培训、人才测评、高级人才寻访（猎头）、人力资源外包、劳务派遣、人力资源管理咨询、人力资源软件服务等业务形态。人力资源是经济社会发展的第一资源。人力资源服务业，聚焦人力资源提供多样化、多层次服务，是现代服务业和生产性服务业的重要门类和新兴产业，是实施就业优先战略、人才强国战略和创新驱动发展战略的重要抓手。

一、“十三五”时期人力资源服务业发展取得显著成就

“十三五”期间，人力资源服务业保持了快速健康发展，截至2020年底，我国共有各类人力资源服务机构4.58万家，从业人员84.3万人，全年营业收入

2.03万亿元，帮助2.9亿人次实现就业或转换了工作岗位，服务企业4983万家次，全行业实现了良好的经济效益、社会效益、人才效益。

（一）政策体系不断完善

人力资源服务业先后列入《国务院关于加快发展生产性服务业促进产业结构调整升级的指导意见》《服务业创新发展大纲（2017—2025年）》等政策文件，成为国家鼓励发展的生产性服务业重要领域。2014年12月，人力资源社会保障部会同国家发展改革委、财政部出台《关于加快发展人力资源服务业的意见》，首次从国家层面对发展人力资源服务业做出顶层设计。

（二）服务体系基本形成

随着社会需求的多元化和新兴信息技术的广泛应用，人力资源服务业已逐渐从提供招聘服务、人事代理、档案管理、社会保障经费代收代缴等传统、单一的产品，向提供人力资源服务外包、培训、高级人才寻访、人才测评等多层次、分类别、多样化的产品转变，服务能力进一步提升，呈现出国有企业、民营企业和中外合资企业三类主体竞争发展的良好格局。

（三）产业园建设蓬勃发展

结合我国发展实际，在国家重点地区和中心城市建立国家级人力资源服务产业园，把人力资源服务业与经济运行的新形态新机制结合起来，为人力资源服务企业发展搭建实体平台，是我国的一大创举。从2010年起，已建成中国上海、重庆、中原、苏州、杭州、海峡、成都、烟台、长春、南昌、西安、北京、天津、广州、深圳、长沙、合肥、武汉、宁波等19家国家级人力资源服务产业园。

（四）行业价值日益凸显

一是发挥了促进就业主渠道的重要作用。截至2020年底，全国共设立固定招聘场所4.2万个，建立网站1.8万个，全年各类人力资源服务机构共举办现场招聘会23万多场，通过网络发布岗位信息16亿条，人力资源市场已成为实现就业和人才流动配置的主渠道。二是发挥了优化人才流动配置生力军的重要作用。2020年，全国各类人力资源服务机构为182万家用人单位提供人力资源管理咨询服务，举办人力资源培训43万次，高级人才寻访（猎头）服务成功推荐选聘各类高级人才125万人。三是不断拓展助力脱贫攻坚的路径和方法。自2018年以来，各地共举办扶贫专项招聘会或对接活动1.67万场，提供岗位437万个，帮助实现就业或达成就业意向104万人，为精准实施就业扶贫等工作发挥重要作用。

二、人力资源服务业发展存在的主要问题

我国人力资源服务业发展速度很快，但与经济高质量发展的要求相比，还存在一些问题，主要体现在：一是区域发展不均衡。人力资源服务业发展从东到西呈现依次下降的阶梯式分布。中西部和东北地区人力资源市场活力不高，人力资源服务发展水平滞后。二是供给能力不足、发展质量不高。我国人力资源服务机构综合服务能力较为薄弱，已挂牌上市的各类人力资源服务企业仅70余家。三是行业结构亟待调整优化。劳务派遣等传统服务业态占主体，新兴中高端业务发展还不能满足经济高质量发展需求。

三、推动新时代人力资源服务业高质量发展

（一）强化行业顶层设计

将发展人力资源服务业纳入经济社会发展“十四五”规划等国家及行业重大政策设计中，进行专题研究和重点部署，在更高层次、更广领域，对行业发展形成更强推动力。制定促进新时代行业发展的意见，实施人力资源服务业高质量发展行动计划，明确推动

行业高质量发展的指导思想、基本原则、发展目标和重要任务，围绕加大支持力度、落实优惠政策、增加购买服务、拓宽融资渠道等重点举措，为行业发展提供政策支撑。

（二）加强行业品牌建设

实施骨干企业培育计划。制定“人力资源服务骨干企业”认定标准，健全骨干企业认定机制，创建骨干企业名录，重点培育一批有核心产品、成长性好、竞争力强、具有示范引领作用的行业知名企业。实施领军人才培养计划。建立行业领军人才库和高端智库，开展专题研修培训和人力资源管理专业职称评审，打造行业人才梯队。实施服务品牌创建计划。支持人力资源服务机构开展自主品牌建设，强化质量管理，加强品牌研究、品牌设计和品牌创建，坚持创新引领，加快培育新业态、新产品和新模式，打造一批业界领先、国内知名、享誉世界的人力资源优质服务品牌。

（三）促进行业协同发展

推进区域协同发展。紧密围绕“一带一路”建设、京津冀协同发展、长江经济带发展、粤港澳大湾区建设等重大战略，以西部、东北、中部、东部四大板块为基础，实施西部和东北地区人力资源市场建设援助计划，加大东中西部人力资源服务对口交流，构建完善人力资源市场区域协同发展机制。推进供需两端协同发展。坚持深化人力资源供给侧结构性改革，建立产业发展、转型升级与人才的供求匹配机制，提高人力资源服务有效供给。同时，尊重保障各类用人主体在人才培养、使用、评价和激励等方面的自主权，充分挖掘释放各类各层次人力资源服务需求。推动公共服务与经营性服务协同发展。公共服务与经营性服务是人力资源服务业的一体两翼，应进一步理顺政府与市场关系，坚持普惠性、保基本、均等化、可持续定位，完善公共就业和人才服务体系，同时坚持竞争择优、效率优先原则，做大做强经营性人力资源服务。

（四）实施产业融合发展

推进与实体经济融合发展。围绕实体经济用工、培训、管理咨询等各类需求，使人力资源服务业深度融入实体经济全产业链、全流程。推进与科技创新融合发展。实施“互联网+”人力资源服务行动，加强与信息技术的无缝衔接，以科技创新为牵引，推动人力资源服务领域管理创新、产品创新、服务创新及商业模式创新，支持互联网企业跨界兼营人力资源服务业务。推进与现代金融融合发展。鼓励人力资源服务机构按照市场化、商业化原则，在风险可控、商业可持续前提下创新资本运营模式，引导金融机构与人力资源服务项目对接。推进跨界融合发展。支持人力资源服务机构积极把握多样化市场需求，推动与教育、医疗、养老等各类产业深度融合，为灵活用工等新型就业模式提供精准高效服务。

（五）夯实集聚发展平台

加强产业园区建设。继续抓紧培育一批有规模、有辐射力、有影响力的国家级人力资源服务产业园，支持各地建设一批有特色、有活力、有效益的地方产业园，完善产业园建设评估机制，进一步发挥园区集聚发展和辐射带动作用。搭建行业发展交流平台。筹划举办全国性人力资源服务业发展大会，搭建国家级优质平台。推动各地开展人力资源服务业大会、创新创业大赛、发展论坛等活动，为推动行业高质量发展打造广阔平台和良好环境。

（六）加快行业开放发展

拓展开放格局。深入贯彻《外商投资法》，全面放开我国人力资源服务业外资准入限制，不断拓宽行业开放范围、领域、层次，主动顺应、积极参与人力资源全球化流动配置进程，变被动开放为主动融入，以人力资源服务业大开放格局，赢得和把握行业国际竞争主动权。提升开放质量。逐步构建公平稳定、透明高效、监管有力、国际接轨的人力资源服务业外商投资管理机制，坚持人力资源服务业双向互惠开放，提高与国外人力资源服务供应商的合资合作水平，引入国际知名人力资源服务企业，引进先进行业理念、项目、技术、标准和发展模式，培育具有全球影响力的人力资源服务品牌，加快由“对内服务”迈向“全球服务”的发展步伐。实施开放行动。实施“一带一路”人力资源服务行动，坚持制定落实全面开放发展举措，支持国内人力资源服务企业在“一带一路”沿线国家设立分支机构，稳步开拓国际市场，为我国各行业各企业“走出去”，提供特色化、精细化人力资源服务。

（七）加强行业基础建设

加强信息化建设。加快建设人力资源市场管理信息系统，形成对人力资源服务机构及业务范围行政许可的全流程操作和动态管理。加强标准化建设。进一步完善人力资源服务标准体系，对已颁布的国家标准进行全方位宣传推广，鼓励各地结合实际制定推广实施地方性行业标准。加强统计调查制度建设。加快建立科学、统一、全面的人力资源服务业统计制度，加强数据的分析与应用，强化市场信息监测。加强行业协会建设。大力培育发展人力资源服务行业协会组织，充分发挥行业协会行业代表、行业自律、行业协调等重要作用。加强环境建设。强化人力资源服务业品牌宣传推广，充分解读人力资源服务业在促进就业创业、优化人才开发和服务经济社会发展等方面的重要作用，不断扩大人力资源服务业的知名度、美誉度和社会影响力。

（供稿单位：人力资源流动管理司）

全面实施全民参保计划

“十三五”以来，我国社会保障事业发展进入快车道，社会保险覆盖范围从城镇扩大到乡村，从国有企业扩大到各类企业，从就业群体扩大到非就业群体。到“十三五”期末，基本养老保险已经覆盖近 10 亿人，工伤保险和失业保险正向更多的职业人群推进，中国已经基本建立起了覆盖人数最多、规模最大的社会保障体系。其中，全民参保计划的全面实施和持续不断的推进做出了突出贡献。

为加快实现社会保险全覆盖的目标任务，人力资源社会保障部门从 2014 年开始，启动实施了全民参保登记计划。全民参保登记计划是依据社会保险法等法律法规规定，通过信息比对、入户调查、数据集中管理和动态更新等措施，对各类群体参加社会保险情况进行记录、核查和规范管理，从而推进职工和城乡居民全面、持续参保的专项行动。这是一场声势浩大的

“找人计划”，社保战线的广大干部职工，按照“查不漏户、户不漏人、人不漏项”的工作要求，以摸清底数为目标，为全民参保计划提供重要数据支撑。全民参保登记工作自启动以来经历了首批试点、全国半数以上地区开展试点到全面启动实施三个阶段。技术路径是建立全民参保登记全国基础数据库；工作方法是数据采集、数据比对、入户调查、动态管理、分析应用；完成时限是 2017 年底完成登记任务，建成全民参保登记全国基础数据库。全民参保登记计划实施三年多来，全国各级社保系统、各地方各部门在党委政府的领导下，攻坚克难，深入开展跨地区、跨部门的信息比对，开展入户调查，通过扩大社保宣传、采取富有针对性的精准扩面措施，不仅扩大了覆盖面，而且进一步摸清了底数，建立了涵盖 13 亿多人的全民参保登记数据库，为精准扩面创造了必要条件。2015 年，中国政府将“实施全民参保计划，基本实现法定人员全覆盖”纳入《中华人民共和国国民经济和社会发展第十三个五年规划纲要》。2016 年底，在巴拿马召开的国际社会保障协会全球大会上，中国政府获得“社会保障杰出成就奖”，中国社会保障在扩大覆盖面方面取得的巨大成就得到了全世界的赞许和肯定。

2017年10月，在中国共产党第十九次全国代表大会上，习近平总书记在报告中提出了全面实施全民参保计划的新要求，进一步凸显了党中央对此项工作的高度重视，也是新时期加快完成全覆盖目标任务的动员令。2018年至2020年，全民参保计划进入第二阶段，即全面实施阶段，聚焦基本实现法定人员全覆盖。将没有纳入社会保障体系的人纳入社会保障体系，确保他们享受到应有的权益，让他们共享改革发展的成果。这一阶段，可以说是时间紧、任务重、压力大。为了促进这批人群的覆盖，2018年，全国社保经办系统在进一步完善全民参保登记数据库，推动全民参保登记数据库与业务库实现动态对接，与外部门数据实现实时或定期交换的基础上，进一步巩固和利用好全民参保登记成果，加强对已参保和未参保数据的分析应用。为推动社保扩面工作的精细化管理和服务，主要采取了以下措施：一是发挥大数据和互联网优势，充分运用大数据和互联网等信息化手段找人，内部加强与就业等相关部门，外部加强与公安等部门的数据交换、比对、分析利用，实现精准扩面。二是成立工作组，深入新业态经营主体和平台电商经营者以及从业人员中开展广泛的调研工作，全面分析未参保原因，并采取富有针对性的宣传措施，动员他们参保。三是进一步完善转移接续等促进参保的相关政策措施，进一步加大利用政策激励、支持参保的力度。四是以互联网和大数据为统领，进一步提升社保经办服务能力和水平，大力推行网上经办服务，广泛推广运用移动服务和各种窗口终端服务，适应不同人群的个性化需求，把便捷可及的服务推送到广大群众身边。总之，就是多措并举、多管齐下，努力将尚未参保的群众纳入社会保障体系中来。

党的十九大和十九届五中全会对今后一个时期社会保障事业发展提出了新思想、新原则、新目标和新要求。全国各级社保部门要全面学习、宣传和贯彻党的十九大精神，进一步深化对新时代完善覆盖全民的社会保障体系重要性的理解和认识，立足新形势，贯彻新发展理念，构建新发展格局，不断提高社会保障治理体系和治理能力现代化水平，明确社会保障事业发展的目标和方向，坚定不移地把以人民为中心的发展理念，贯穿到社会保障工作的方方面面，把人民利益摆在至高无上的地位，让改革发展成果更多更公平惠及全体人民，为实现第二个百年目标做出更大的贡献。

（供稿单位：社会保险事业管理中心）

实现职工养老保险事业高质量发展

一、“十三五”时期职工养老保险事业取得的成就

“十三五”时期，是全面建成小康社会的决胜阶段，也是社会保险快速发展的历史时期，人力资源和社会保障部门以增强公平性、适应流动性、保证可持续性为重点，统筹推进覆盖全民的社会保障体系建设，建立了世界上最大的养老保险计划，养老保险实现由“广覆盖”向“全覆盖”的大步迈进。

（一）养老保险制度体系日趋完善

按照党中央、国务院的部署和要求，围绕建立更加公平、更可持续养老保险制度的目标，人力资源和社会保障部门不断深化改革，制定了养老保险制度改革总体方案，实施机关事业单位养老保险制度改革，形成了城镇职工统一的基本养老保险制度平台，为实现全覆盖提供了制度基础。

（二）采取综合降费和减免社保费措施

“十三五”时期，先后6次阶段性降低社保费率，全国职工五项社保费率总水平从41%降至33.95%。2019年，出台综合降费方案，将职工养老保险单位费率统一降到16%，并用全口径平均工资核定缴费基数上下限，实现了“双降”。2020年，面对突如其来的新冠肺炎疫情，快速实施了力度空前的“免减缓降”措施，全年共减免企业养老保险费1.33万亿元，被称为“最有含金量、最受欢迎、最解渴的政策大礼包”。

（三）启动实施基金中央调剂制度

从2018年起建立企业职工基本养老保险基金中央调剂制度，作为实现养老保险全国统筹的第一步。调剂比例从3%起步，2020年提高至4%。2020年全年调剂规模达7400亿元，22个省份受益1768亿元。通过基金中央调剂制度，有力缓解了省际之间基金结构性矛盾。

（四）全力推进养老保险省级统筹

提高企业职工基本养老保险统筹层次，是促进养老保险制度可持续发展的重要举措。按照养老保险政策、基金收支管理、预算管理、责任分担机制、信息系统、经办管理、激励约束机制“七统一”的要求，全面规范企业职工基本养老保险省级统筹，到2020年底，所有省份均实现基金省级统收统支，为实施全国统筹奠定了坚实基础。

（五）稳步提高退休人员待遇水平

“十三五”时期，连续上调退休人员待遇水平，2020年企业职工月人均养老金水平2800元左右，为实现党的十八大提出的到2020年城乡居民人均收入比2010年翻一番的目标做出了重要贡献。与此同时，建立健全基本养老金合理调整机制，实现基本养老金待遇调整机制化、规范化，增强了广大退休职工的获得感、幸福感、安全感。

二、“十四五”时期职工养老保险事业面临的形势和挑战

“十四五”时期，我国进入新发展阶段，制度优势的确定性和经济发展稳中向好、长期向好的基本面，决定了我国社会保障具备持续发展的有利条件。同时，随着社会主要矛盾发生变化和城镇化、人口老龄化、就业方式多样化加快发展，我国养老保险体系面临诸多挑战：

（一）人口老龄化

人口老龄化是社会发展的必然趋势，对社会保障发展影响深远。相比发达国家，我国老龄人口总量大、增速快、老龄化高峰期持续时间长。根据第七次人口普查统计，60 岁及以上人口 26402 万人，占比高达 18.7%，其中 65 岁及以上人口 19064 万人，占比 13.5%。劳动年龄人口减少和老年人口增加，不仅使养老保险基金缴费来源收窄而支付压力骤增，还改变了人力资源供需结构，必须积极应对、综合应对、科学应对。

（二）新型城镇化

改革开放以来，我国农村劳动力持续大规模向城镇非农产业转移，2020 年户籍人口城镇化率为 45.4%，常住人口城镇化率超过 60%，但人户分离比较严重。未来城镇化仍将保持较快速度，需要考虑城乡养老保险制度发展和衔接、养老保险关系转移接续、地区间基金负担畸轻畸重以及公共服务均等化等问题，系统谋划，妥善解决。

（三）就业方式多样化

随着数字经济迅猛发展，新产业新业态不断涌现，机器换人导致第二产业从业人数持续减少，2016年至2020年净减少1100万人，第三产业从业人数迅速增加，占比已达47.70%，其中不少为灵活就业。互联网平台等新业态从业人员如网约车司机、外卖投送员等，其劳动关系、就业岗位、工作时间、工资收入等方面都“不确定”，游离在以传统劳动关系为基础、单位关联型的现行职工社会保险制度之外，如何增强制度的灵活性、适应性，亟须开拓创新。

此外，新冠肺炎疫情的影响也不可低估。当前，全球新冠肺炎疫情仍在部分地区肆虐，可能导致世界经济大幅波动和持续低迷，我国零星散发病例和局部暴发疫情的风险仍然存在，影响经济发展和就业稳定，很可能向社会保障领域传导，给制度运行带来新的不确定性、不稳定性。

三、“十四五”时期职工养老保险事业改革发展的重点

“十四五”时期，人力资源和社会保障部门将坚持以习近平新时代中国特色社会主义思想为指导，深入贯彻落实党的十九大和三中、四中、五中全会精神以及习近平总书记在完善覆盖全民的社会保障体系集体学习

会议上的重要讲话精神，立足新发展阶段，贯彻新发展理念，构建新发展格局，坚持人人尽责、人人享有和尽力而为、量力而行的原则，积极落实《人力资源和社会保障事业发展“十四五”规划》中各项重大改革举措，促进养老保险事业高质量发展、可持续发展。

（一）坚持以人民为中心，健全多层次社会保障体系，让人民生活更加美好

围绕扎实推动共同富裕，健全社会保险待遇正常调整机制，稳步提高待遇水平。围绕高质量发展，加快形成公平统一的制度体系，推动社保关系转移接续，促进劳动力合理流动和市场公平竞争，特别是紧贴新经济、新业态、新模式发展需求，健全灵活就业人员社保制度，变“人找政策”为“政策找人”。围绕不断扩大中等收入群体，以做大做强第二支柱、加快建立第三支柱为重点，大力发展企业年金，推动建立个人养老金制度，健全多层次养老保险体系，满足参保群众多样化需求，更好地保障老年人的幸福生活。

（二）坚持新发展理念，积极创新，实现养老保险更加公平、更可持续、更为安全的发展

按照“社会主义市场经济体制更加完善”“公平竞

争制度更加健全”的发展要求，以加快推进企业职工基本养老保险全国统筹为重点，实现制度的“公平统一”，解决结构性矛盾。加快推进全国统一的信息系统和社会保险公共服务平台建设等配套措施，发挥全国一盘棋的制度优势，确保基本养老保险全国统筹在统一规范制度和政策、促进基金统筹使用等方面有重大突破，从制度上解决我国养老保险分散管理、地区分割、负担不公等问题，逐步形成全国统一、公平合理、激励有效、约束有力的管理格局。

（三）坚持系统观念，不断深化改革，实施好积极应对人口老龄化国家战略

“十四五”时期，人力资源和社会保障部门将深入贯彻落实改革和完善基本养老保险总体方案，结合实施积极应对人口老龄化国家战略，补短板、强弱项、建机制，综合考虑我国劳动力供需状况、受教育水平、人均预期寿命、基金收支等因素，坚持小步调整、弹性实施、分类推进、统筹兼顾的基本原则，适时制定实施渐进式延迟法定退休年龄方案，促进养老保险制度与经济社会协同发展。

（供稿单位：养老保险司）

完善城乡居民基本养老保险制度

“十三五”时期，人社部门坚决贯彻落实习近平总书记重要指示和党中央决策部署，坚持以人民为中心的发展思想，按照中央关于“兜底线、织密网、建机制”的要求，遵循“守住底线、突出重点、完善制度、引导舆论”的总体思路，全面建成公平、统一、规范的城乡居民基本养老保险制度，在保障城乡老人基本生活、调节社会收入分配、助力脱贫攻坚等方面发挥了重要作用。

一、“十三五”时期城乡居民基本养老保险工作主要成就

2021 年 2 月 26 日，习近平总书记在主持中央政治局集体学习时指出，党的十八大以来，党中央把社会保障体系建设摆上更加突出的位置，推动我国社会保障体系建设进入快车道。我国统一城乡居民基本养老保险制度，基本养老保险覆盖近 10 亿人，是世界上规

模最大的社会保障体系。这为人民创造美好生活奠定了坚实基础，为打赢脱贫攻坚战提供了坚强支撑，为如期全面建成小康社会、实现第一个百年奋斗目标提供了有利条件。

（一）助力脱贫攻坚，参保覆盖面不断扩大

城乡居民基本养老保险制度主要面向广大低收入或无收入城乡居民，覆盖对象超过5.4亿人，占基本养老保险参保人数的54%，其中95%是农村居民，原建档立卡贫困人口、低保对象、特困人员占比达到13%。城乡居民基本养老保险制度实行社会统筹与个人账户相结合的模式，通过个人缴费、集体补助、政府补贴，实现了城乡居民基本养老保险从无到有的历史性跨越，为城乡居民老年基本生活提供了制度保障，是我国整个基本养老保险体系中普惠性、兜底性的制度安排。“十三五”时期，为1.6亿城乡老年居民支付养老金1.37万亿元，其中包括3000多万贫困老人。

为确保贫困人口在年老时获得制度性养老保障，对贫困人员参加城乡居民基本养老保险帮扶力度进一步加大。一是完善贫困人口参加城乡居民基本养老保险的帮扶政策。规定由地方人民政府为参加城乡居民基本养老保险的建档立卡贫困人口、低保对象、特困人员代缴部分或全部最低标准养老保险费，并在提高最低缴费档次时保留现行最低缴费档次；在认定农村低保和扶贫对象时，中央确定的城乡居民基本养老保险基础养老金暂不计入家庭收入；将年满60周岁未领取基本养老保险待遇的贫困人员纳入城乡居民基本养老保险制度并按月发放城乡居民养老保险待遇。二是开展贫困人员基本养老保险应保尽保专项工作。通过与国务院扶贫办建档立卡贫困人口数据比对，对疑似未参保人员数据进行标识后下发各省，指导各地利用人社扶贫信息平台核实更新参保情况，建立上下协同的数据核实报送机制，精准定位参保扩面重点人员，从“人找政策”变为“政策找人”，2017年至2020年累计为1.19亿人次贫困人员代缴城乡居民基本养老保险费129亿元，6098万符合条件的建档立卡贫困人口参加基本养老保险，参保率稳定在99.99%以上。三是推动户籍不在本省的建档立卡贫困户参加城乡居民基本养老保险。指导建档立卡贫困户认定地社保经办机构按规定协助参保人填报相关材料并进行审核，利用人社扶贫信息平台及时向户籍地推送信息，配合户籍地有关部门及时为参保人办理参保手续、落实代缴保费政策、发放城乡居民养老保险待遇。

（二）共享发展成果，待遇水平稳步提高

2018年3月，经报请党中央、国务院同意，人力资源社会保障部、财政部印发《关于建立城乡居民基本养老保险待遇确定和基础养老金正常调整机制的指导意见》，提出建立激励约束有效、筹资权责清晰、保障水平适度的城乡居民基本养老保险待遇确定和基础养老金正常调整机制。2018年、2020年，中央两次统一提高全国城乡居民基本养老保险基础养老金最低标准，从每人每月70元提高至93元。全国所有省份都在此基础上提高了当地基础养老金标准。28个省份和新疆生产建设兵团提高了最低缴费档次。2020年，全国人均缴费达到455元，比2015年增加233元；城乡居民基本养老保险月人均待遇水平约170元。到2020年底，个人账户基金结余超过9000亿元，比2015年增加1倍，所有省份都启动了城乡居民基本养老保险基金投资运营，合同金额超过2000亿元。

（三）关注重点群体，加强被征地农民、退捕渔民养老保障

推动被征地农民、退捕渔民等特殊群体基本养老保险应保尽保，符合条件的被征地农民和退捕渔民享受养老保险缴费补贴，使他们达到待遇领取条件时获得更高、更好的养老保障水平，助力被征地农民、退捕渔民等特殊群体长远生活有保障。截至2020年底，全国落实征地社保政策被征地农民约为6312万人，共有5467万被征地农民参加了基本养老保险；17.18万长江流域重点水域符合条件的退捕渔民实现了基本养老保险应保尽保，为10.4万人落实了养老保险缴费补贴，为1.8万人代缴了城乡居民基本养老保险最低保费，保障了退捕渔民老年基本生活。

二、城乡居民基本养老保险工作面临的主要问题

相关数据显示，我国约有6亿人月收入在1000元左右，这些人多数是农民，特别是刚脱贫的贫困人员。第七次人口普查数据显示，2020年，我国60周岁以上老年人口达到26402万人，占人口总数的18.7%；我国乡村人口老龄化率为23.81%，高于城镇7.99个百分点。大多数农村老人收入来源极其有限，他们没有

工资性收入和经营性收入，财产收入极少，主要收入来源依靠子女亲属的转移性收入和政府转移收入，收入水平低。低收入人员占比高，大部分60岁后仍然继续从事农业生产劳动。此外，我国有2亿多农民工，参加职工养老保险不到1亿人，每年产生数百万被征地农民，城乡居民基本养老保险兜底保障功能还需要进一步加强。

一是待遇水平偏低，保障城乡老年居民基本生活能力不足。2020年，城乡居民基本养老保险月人均养老金约170元，年人均养老金收入约2040元，仅占当年城乡居民人均可支配收入的6.4%，不足农村低保标准的40%。

二是还有少部分符合条件的城乡居民参保意识不强、对政策不了解，没有参保。

三是有的地区征地社保费用未落实到位即实施征地，被征地农民未享受到征地社保政策。

三、“十四五”时期城乡居民基本养老保险政策思路

习近平总书记指出，社会保障关乎人民最关心最直接最现实的利益问题。要加大再分配力度，强化互助共济功能，把更多人纳入社会保障体系，为广大人

民群众提供更可靠、更充分的保障。党的十九届五中全会明确将中等收入群体显著扩大、基本公共服务实现均等化、城乡区域发展差距和居民生活水平差距显著缩小、全体人民共同富裕等作为2035年经济社会发展主要目标，提出要加大税收、社保、转移支付等调节力度和精准性，构建以国内大循环为主体、国内国际双循环相互促进的新发展格局，凸显了未来我国社会保障“公平优先”的价值取向，明确了完善再分配机制的基本路径和政策工具。“十四五”时期，人力资源社会保障部门将按照“覆盖全民、统筹城乡、公平统一、可持续”的要求，不断完善城乡居民基本养老保险和被征地农民参加基本养老保险政策，指导各地建立和完善城乡居民基本养老保险待遇确定和基础养老金正常调整机制，推动城乡居民养老保险待遇水平随经济发展逐步提高，进一步织密扎牢社会保障安全网。

（一）巩固拓展贫困人口基本养老保险全覆盖成果，不断扩大参保覆盖面

完善困难群体参保帮扶政策。对参加城乡居民基本养老保险的低保对象、特困人员、返贫致贫人口、

重度残疾人等缴费困难群体，地方人民政府为其代缴部分或全部最低标准养老保险费，在提高最低缴费档次时，对上述困难群体和其他已脱贫人口可保留现行最低缴费档次。支持和鼓励有条件的集体经济组织和其他社会经济组织、公益慈善组织、个人为参加城乡居民基本养老保险的困难人员参保缴费提供资助。推动建立城乡居民基本养老保险丧葬补助金制度。中央确定的城乡居民基本养老保险基础养老金不计入低保家庭、特困人员收入。

（二）加强基金管理，确保安全高效，完善落实城乡居民基本养老保险待遇确定和基础养老金正常调整机制

从政策、经办、信息、监管多个维度加强基金管理，在确保安全的条件下提高效益。完善规范个人账户计息办法，将基金实际产生的收益以记账方式归属个人账户，保证参保人权益，增强参保缴费的激励约束功能，引导参保人员早参保、多缴费，按年续保。持续开展基金委托投资，督促各地将“城乡居民基本养老保险基金新增结余不少于80%的资金用于委托投资”的工作任务落到实处，促进基金保值增值。推动

落实退休人员和城乡居民养老待遇调整联动机制，统筹考虑城乡居民收入增长、物价变动和职工基本养老保险等其他社会保障标准调整情况，逐步提高城乡居民基本养老保险基础养老金水平。

（三）完善被征地农民社会保障政策

依据新修正的土地管理法最新要求，研究完善新的征地社保政策，推动工作落到实处，保障被征地农民合法权益。一是明确筹资渠道。在征地成本中单独列支征地社保费用，被征地农民社会保障费用筹集到位后才能批准征收土地。二是明确缴费补贴政策。征地社保费用主要用于基本养老保险缴费补贴，通过补贴引导被征地农民参加国家基本养老保险，实现应保尽保。三是明确部门分工。明确自然资源、人社、财政等相关单位在补贴对象确定、社保费用筹集、先保后征审核和补贴资金落实等工作中的职责分工，保证资金落实到人。四是持续推进长江退捕渔民养老保险工作，确保应保尽保，补贴资金落实到位。

（供稿单位：农村社会保险司）

建设积极稳健的失业保险制度

“十四五”时期，完善失业保险制度，要坚持系统观念，找准在服务和融入构建新发展格局中的定位，深入贯彻新发展理念，在站位更高、基础更实、服务更优、成效更显上下功夫，最大限度发挥制度优势，释放政策红利。

一、“十三五”期间失业保险功能拓展保障有力

“十三五”以来，党中央对失业保险做出一系列决策部署。党的十九大报告提出完善失业保险制度；2020年应对新冠肺炎疫情影响，习近平总书记两次就失业保险工作作出重要指示，要求抓好失业保险稳岗返还政策落地见效，扩大失业保险覆盖范围，更好保障失业人员基本生活，加快推动线上申领失业保险金，确保失业人员应发尽发、应保尽保。落实中央要求，失业保险工作转变理念、拓展功能，在服务经济社会发展大局中不断做出新贡献。

（一）保生活基础增强

参保规模持续提高，“十三五”期间参保人数由1.8亿人增至2.2亿人，年均增长率4.8%。保障范围大幅扩大，2020年应对新冠肺炎疫情冲击，阶段性实施失业补助金、临时生活补助等扩围政策。保障水平稳步提高，各地结合当地经济社会发展水平和基金备付能力，挂钩物价上涨因素，全国月人均失业保险金水平由2016年的1051元增至2020年的1506元，增长43%（见表1）。

表1 “十三五”时期全国失业保险参保人数及领金标准变化情况

年份	参保人数（万人）	月均失业保险金水平（元）
2016	18089	1051
2017	18784	1111
2018	19643	1266
2019	20543	1389
2020	21690	1506

（二）防失业重点明确

助力供给侧结构性改革中稳岗位保就业，2015年起实施稳岗返还政策，激励企业不裁员少裁员，通过源头调控更加积极主动地治理失业；2019年应对中美经贸摩擦影响，实施力度更大的困难企业稳岗返还政策；2020 年应对新冠肺炎疫情冲击，放宽裁员率标准、提高返还比例、倾斜支持湖北，成为帮扶中小微企业渡过难关的重要宏观政策。“十三五”期间累计向 882 万户企业发放稳岗返还 2249 亿元，惠及职工超过 3.9 亿人（见表 2）。此外，创新将失业保险的参保受益对象扩展到参保职工，向 376 万人次发放 61 亿元技能提升补贴。

表 2　“十三五”时期稳岗返还发放情况

年份	受益企业（万户）	发放金额（亿元）	惠及职工人数（万人）
2016	46	259	4833
2017	45	198	5192
2018	68	198	6445
2019	115	552	7290
2020	608	1042	15596
合计	882	2249	39356

（三）促就业导向彰显

自 2015 年起，失业保险费率“三降四延”，总费率由 3%降至 1%，政策执行期限至 2022 年 4 月 30 日。2020 年，为应对新冠肺炎疫情，在降费率基础上，实施惠企力度更大的中小微企业免征、大型企业减半征收、允许缓缴保费政策，“降、免、减、缓”累计减收约5500亿元，降低了企业成本，增强了企业活力。落实2019年政府工作报告要求，从失业保险基金结余中拿出1138亿元支持职业技能提升行动，助力建设适应产业升级的劳动者大军。

（四）优经办蹄疾步稳

落实中央“放管服”要求，推动失业保险待遇“畅通领、安全办”，以“不见面”为特点的失业保险经办服务体系初步建成。上线运行失业保险待遇申领全国统一入口，推动失业人员“免跑即领”；通过后台数据比对向符合条件企业精准发放稳岗返还，推动实现“免申即享”；取消申领失业保险金的证明材料、申领期限、捆绑条件、附加义务等，推动实现“免证即办”。

二、新形势新变化对失业保险提出新要求新挑战

“十四五”时期，完善失业保险制度必须适应新形势、把握新变化，要坚持问题导向、突出底线思维，清醒认识事业发展面临的风险挑战，采取有效措施妥善应对。

（一）统筹层次较低对基金运行安全的挑战

“十三五”期间，失业保险基金共支出6245亿元，

全国失业保险基金结余从2018年底5817亿元的历史峰值降至2020年底的3354亿元。基金结余快速下降的同时，失业保险基金统筹层次较低的问题也进一步显现，部分省份仍以县级统筹为主，基金互济能力亟待加强。伴随降费率政策延续实施，以及深入落实扩围稳岗政策，基金收支平衡压力更趋明显，必须加速推进失业保险基金省级统筹，确保各项待遇按时足额发放，确保基金运行安全可持续。

（二）经办机构多元对优化经办服务的挑战

全国共有各级各类失业保险经办机构近4000个，按层级分涉及省、市、县三级，按类型分涉及社保机构、就业服务机构、单设的失业保险经办机构等，省与省之间、省内各地市之间都不统一。经办机构多元化有其历史成因，虽然不同模式各有优长，但总体看服务标准多样、经办流程各异、信息化建设分散，既影响群众办事，也不利于地区间经办业务对接，是失业保险经办体制建设的短板。

（三）保障需求增长对扩大参保范围的挑战

失业保险法定参保范围是城镇企事业单位及其职工，对标对表中央提出“覆盖全民”的社会保障体系建设要求，乡镇企业、个体经济组织、社会团体、社会组织等用人主体没有全覆盖，还有 2 亿平台经济等灵活就业人员因属于自雇就业，就业失业状态无法区分，未纳入制度保障。与人民群众日益增长的社会保障需求相比，失业保险保障范围需要根据近年来的实践适当扩大。

三、承担新时代赋予失业保险的新使命

“十四五”时期，失业保险要继续充分发挥劳动力市场“安全阀”和经济结构调整“减震器”的作用，为巩固国计民生和维护社会稳定大局多做贡献，用实际成效体现“小险种大作为，小切口大民生”。

（一）工作理念上坚持“三个拓展”

推动从事后救济向事前预防失业拓展，推动失业保险从保基本生活向稳岗位提技能拓展，推动从失业人员受益向所有参保主体受益拓展。既要兜牢失业人员基本生活底线，更要激发市场主体和参保劳动者的内生动力，从源头上减少失业人员，体现更加积极的政策导向，达到“上医治未病”的更高境界和格局，更加体现“人人尽责、人人享有”的要求，实现治理效能最大化。

（二）功能定位上适时调整三者关系

保生活是基础、防失业是重点、促就业是目标，失业保险三位一体功能作用既独立又联系，各有侧重、协同发力。在经济运行平稳时，更加突出防失业和促就业，激励用人单位稳定就业岗位，促进劳动者提技赋能，通过源头调控积极主动地治理失业；在经济运行波动时，充分发挥兜底保障基础功能，突出重点、精准施策，兜牢底线、强化保障，确保失业人员应发尽发、应保尽保。

（三）完善三项机制

一是完善与经济社会发展水平相适应的失业保险待遇调整机制，各省要在确保基金可持续前提下，分步实施，循序渐进，逐步将失业保险金标准提高到最低工资标准的 90%。二是完善与经济社会发展变化相适应的费率调整机制，既要切实为企业减负，也要确保基金运行平稳可持续。三是完善与经济形势变动相适应的失业动态监测机制，加强对规模性失业风险的研判，及时发现政策实施中苗头性、倾向性、隐患性问题，善用数据做好实时调控和预警处置。

（四）健全三项体制

一是经办服务体制，加快解决失业保险经办服务碎片化问题，让老百姓“最多跑一次”。二是转移接续体制，促进失业保险关系在城乡统筹和异地就业中转移顺畅，助力破除劳动力流动障碍。三是基金统筹体制，加快推进实现省级统筹，提高基金长远支撑能力。

（五）持续实施三项活动

一是优化实施援企稳岗“护航行动”，强化雪中送炭、扶危扶困作用，加大对中小微企业等市场主体的倾斜支持，激励企业稳岗扩岗。二是持续实施技能提升“展翅行动”，激励参保职工提升就业竞争力和职业转换能力，降低失业风险，助力实现稳定就业和高质量就业。三是深入实施“畅通领、安全办”行动，进一步简化流程，全面取消申领时限、捆绑条件和附加义务，加速推动所有地市实现失业保险各项业务全程网办。

（六）防范三项风险

一是防范规模性失业风险，发挥 6.5 万户企业、近 3000 万个岗位监测数据作用，密切关注重点地区、重点行业、重点人群的失业风险，提高研判精准性。

二是防范基金运行风险，密切关注收不抵支地区基金运行情况，发挥好省级调剂金作用，既要确保各项待遇按时足额发放，也要确保基金运行安全可持续。三是防范廉政廉洁风险，完善内控制度，增强技防人防手段，严厉打击各类违纪违规支出行为，防范冒领、骗取、套取、挪用。

（供稿单位：失业保险司）

建立多层次工伤保险制度体系

“十四五”时期，是我国全面建设小康社会向基本实现社会主义现代化迈进的关键时期，“两个一百年”奋斗目标的历史交汇期，人力资源社会保障部门将坚决贯彻党中央、国务院的决策部署，坚持以人民为中心的发展思想，坚持稳中求进工作总基调，准确把握新发展阶段，积极融入新发展格局，推动工伤保险事业高质量发展。

一、“十三五”时期工伤保险事业发展成就和面临的主要问题

（一）工伤保险覆盖人数进一步扩大

参保扩面工作始终是工伤保险工作的重中之重。2012 年印发《关于进一步做好事业单位等参加工伤保险工作有关问题的通知》，把事业单位、社会团体、民办非企事业单位、基金会、律师事务所、会计师事务所等组织依法纳入工伤保险。2014 年会同住房城乡建

设部、安全监管总局、全国总工会印发《关于进一步做好建筑业工伤保险工作的意见》，把建筑业职工特别是农民工依法纳入工伤保险保障范围。此后，2015 年、2016 年、2017 年人力资源社会保障部办公厅连续印发《关于开展建筑业“同舟计划”——建筑业工伤保险专项扩面行动计划的通知》《关于加快推进建筑业工伤保险工作的通知》《关于进一步做好建筑业工伤保险工作的通知》，全面推进建筑业从业人员参加工伤保险。2018 年人力资源社会保障部、交通运输部、水利部、能源局、铁路局、民航局制定印发《关于铁路、公路、水运、水利、能源、机场工程建设项目参加工伤保险工作的通知》，创造性解决工程建设领域农民工参保难问题，工伤保险的覆盖面不断扩大。截至 2020 年底，全国工伤保险参保人数达到 2.68 亿人。

（二）工伤保险基金省级统筹全部实现

工伤保险基金从市级统筹起步，2011 年社会保险法实施，提出工伤保险逐步实行省级统筹，统一规范和进一步推进各省工伤保险省级统筹工作。2017 年，人力资源社会保障部会同财政部印发《关于工伤保险基金省级统筹的指导意见》，提出要在 2020 年底前全部实现省级统筹。2019年印发《关于加快推进工伤保险基金省级统筹工作的通知》，进一步加强工作指导。截至2020年底，全国31个省、自治区、直辖市和新疆生产建设兵团实现工伤保险基金省级统筹，制度保障能力得到进一步增强。

（三）“三位一体”制度体系进一步健全

一是积极推进工伤预防工作。2017年人力资源社会保障部会同财政部等部门制定印发《关于印发工伤预防费使用管理暂行办法的通知》，推进工伤预防工作依法依规、稳步实施。2020年会同工业信息化部、财政部、住房城乡建设部、交通运输部、国家卫生健康委、应急管理部、全国总工会联合印发《关于印发工伤预防五年行动计划（2021—2025年）的通知》，切实提升工伤预防意识和能力，降低事故发生率，改善工作场所劳动条件。二是待遇调整和确定机制进一步规范。2017年制定印发《关于工伤保险待遇调整和确定机制的指导意见》，明确伤残津贴、供养亲属抚恤金、生活护理费和住院伙食补助费等待遇水平的调整确定办法，提高工伤保险待遇调整工作科学化、规范化水平。三是工伤康复工作进一步加强。2013年人力资源社会保障部印发关于进一步做好工伤康复试点工作的指导意见，进一步扩大工伤康复试点范围，促进规范管理，完善相关技术标准。之后，相继印发《工伤康复服务项目（试行)》《工伤康复服务规范（试行）（修订版)》《工伤保险辅助器具配置管理办法》，进一步规范工伤康复工作。四是积极推进工伤认定和劳动能力鉴定便民化服务。2018 年印发《关于推进工伤认定和劳动能力鉴定便民化服务工作的通知》，明确了便民服务的举措，指导地方结合实际贯彻落实，促进工伤认定、劳动能力鉴定服务质量提升。为进一步规范劳动能力鉴定行为，加强劳动能力鉴定管理，提升劳动能力鉴定质量和水平，2020 年会同国家卫生健康委、国家医疗保障局印发《关于进一步规范劳动能力鉴定工作的通知》。五是及时保障抗疫期间医护及相关工作人员的工伤权益，第一时间印发《关于因履行工作职责感染新型冠状病毒肺炎的医护及相关工作人员有关保障问题的通知》，明确在新冠肺炎预防和救治工作中，因履行工作职责感染新冠肺炎的医护及相关工作人员认定为工伤，并依法享受工伤保险待遇。为切实做好对医护人员的服务工作，印发《关于进一步做好医护及相关工作人员工伤保障有关工作的通知》，指导各地开辟工伤认定绿色通道，为奋战在抗疫一线的医护及相关工作人员提供了坚实保障。

在“十三五”时期取得一系列成绩的同时，我们也清醒地认识到，工伤保险在加强对新就业形态就业人员保障，发挥工伤预防、工伤康复工伤保险积极功能等方面存在不足，需要在“十四五”时期高度重视、加快解决。

二、“十四五”时期工伤保险工作的政策思路

“十四五”时期，工伤保险工作将围绕全面建成覆盖全民、城乡统筹、权责清晰、保障适度、可持续的多层次社会保障体系的总要求，扭住完善制度、健全机制这个牛鼻子，强化创新理念，着力在增强公平性、适应流动性、保证可持续性上下功夫，更加注重对职业人群的广覆盖，更加注重满足职业人群多元化需求，更加注重提升基金使用效能和抗风险能力，更加注重发挥工伤预防、工伤康复的积极主动功能，更加注重引入社会力量优化管理服务，不断提高工伤保险的治理能力，更好地提升工伤职工安全感和获得感，分散用人单位工伤风险，促进经济繁荣、社会稳定。

（一）全面落实重大改革任务

一是落实新就业形态就业人员职业伤害保障工作。按照“社会保险定位、商保机构承办，部端归集流转数据、属地受理办理业务，保障水平总体一致、基金省级统筹管理”的模式，在工伤保险大框架下，针对平台企业管理运营的特点，创新保障政策，优化经办服务模式，解决职业伤害保障不平衡不充分的问题，保障新就业形态就业人员职业伤害保障权益，促进平台经济规范健康发展，不断增强人民群众获得感、幸福感、安全感。

二是落实公务员参加工伤保险工作。依法制定公务员和参照公务员法管理事业单位、社会团体工作人员工伤保险政策，及时印发《公务员工伤保险管理办法》，并抓好办法及配套文件的组织实施工作，将应参保人员全部纳入工伤保险保障范围。

（二）进一步完善预防、补偿、康复“三位一体”制度

坚持工伤预防、工伤补偿、工伤康复相结合的“三位一体”制度发展方向，注重协同平衡发展。加快推进工伤预防工作，加强部门联动，形成政策措施合

力，促进伤后补偿向伤前预防倾斜，充分发挥工伤预防降低职业伤害的功能。指导地方构建大预防工作格局，组织实施好《工伤预防五年行动计划（2021—2025年）》，切实降低工伤事故发生率。积极推进工伤康复工作。加强工伤康复建设顶层设计，继续推进落实工伤康复早期介入、先康复后评残等工作理念，进一步发挥区域性工伤康复示范平台作用，提高工伤职工的生活质量和回归社会及工作岗位的能力。

（三）巩固完善省级统筹

进一步完善工伤保险省级统筹制度，“十四五”时期加快推进实行省级调剂金模式的地区向省级基金统收统支模式转换；健全职、责、权约束机制，实现“基金上统、管理下沉”；建立健全考核指标体系；建立完善统一规范的省级工伤保险信息平台，全面实现基金省级统收统支，持续提高基金抵御风险能力和制度运行效能。

（供稿单位：工伤保险司）

加强专业技术人才队伍建设

一、“十三五”时期专业技术人才工作成效显著

“十三五”时期，人力资源社会保障部认真贯彻落实习近平总书记关于人才工作的重要论述精神和党中央国务院关于人才工作的决策部署，坚持党管人才原则，深入实施人才强国战略，持续改革创新人才体制机制，持续改善人才生态环境，持续发力人才扶贫和抗疫，专业技术人才工作成效显著。

（一）专业技术人才队伍规模持续壮大，质量稳步提高

到2020年末，我国专业技术人才总量约8000万人，比2015年再增长700万人。全国共有两院院士1600多人，享受政府特殊津贴人员18.7万人，百千万人才工程国家级人选6500多人，累计招收博士后研究人员25万多人，已经建立了一支规模宏大、素质优良的高层次专业技术人才队伍。

（二）专业技术人才政策制度不断创新发展

培养选拔机制不断完善，改革完善政府特殊津贴制度、博士后制度，全面实施国家百千万人才工程、专业技术人才知识更新工程，加大海外高层次人才吸引力度，健全留学人员回国工作、创业和为国服务政策体系。评价发现机制创新发展，分类推进人才评价机制改革；全面深化职称制度改革，进行顶层设计，会同行业主管部门对各系列职称制度进行改革。改革完善职业资格制度，在七批取消职业资格的基础上，经国务院同意，向社会公布《国家职业资格目录》。使用激励机制不断完善，颁布实施《事业单位人事管理条例》，出台支持和鼓励事业单位专业技术人员创新创业政策文件，支持鼓励相关人员兼职创新或在职创业，进一步促进职务科技成果转化；制定完善事业单位高层次人才收入分配激励政策，推进高校和科研院所选人用人、岗位设置、职称评审、薪酬分配等改革试点，赋予用人单位更大用人自主权。流动配置机制不断健全，围绕国家区域发展战略，专业技术人才资源配置逐步优化，人才资源共享机制进一步形成。

（三）专业技术人才服务体系逐步健全

全国共有留学人员创业园 380 多家，博士后科研流动站、工作站7200多个，国家级专家服务基地115个、专业技术人员继续教育基地200个。专家、博士后、留学回国人员、职称、继续教育等信息服务系统建设加快推进。各省市也积极围绕专业技术人才创新创业加强服务平台建设，创新服务方式，拓宽服务内容，服务质量不断提高。

（四）专业技术人才在经济社会发展中的作用更加凸显

广大专业技术人才积极投身现代化建设，为我国的政治建设、经济建设、社会建设、文化建设和生态文明建设做出了重大贡献，涌现出了一批科技领军人物和拔尖人才，在重大科研项目攻关和重点工程建设方面取得了显著成绩，在国防尖端技术的开发和关系到国计民生重大问题的应用研究方面做出了突出贡献，在推进高新技术产业化和理论创新、制度创新、科技创新、文化创新等方面发挥了重要作用，成为建设创新型国家、提高我国自主创新能力的重要力量。

（五）助力扶贫扶智和战疫，支撑打赢脱贫攻坚战和抗疫斗争取得重大战略成果

持续加大专业技术人才扶贫扶志扶智工作力度，

聚焦“三区三州”等深度贫困地区，精准制定职称“双定向”等激励政策，加强贫困地区本土人才吸引、培养和激励工作，引导组织各类专家人才助力脱贫攻坚，为贫困地区提供长效智力支撑。新冠肺炎疫情发生以来，聚焦保护关心爱护一线医务人员，及时部署组织开展关爱抗疫“一线”专项行动，出台关爱一线医务人员的系列专业技术人才政策，有效激励了一线医务人员在疫情防控中履职尽责、担当奉献。

二、专业技术人才工作面临的问题

面向未来，我们也必须清醒地看到，与世界发达国家相比，我国专业技术人才发展总体水平还有较大差距，人才队伍的能力素质、结构分布和贡献效能与实施创新驱动发展战略、推动高质量发展、建设世界人才强国的总体要求还不完全适应，人才自主创新能力不强，高层次创新人才仍然匮乏，高水平专业化人才供给不足，专业技术人才结构布局需要因时调整，人才发展体制机制障碍尚未完全消除等。

三、“十四五”时期专业技术人才工作重点举措

当今世界正经历百年未有之大变局，新一轮科技革命和产业变革孕育兴起，国际力量对比深刻调整，

全球治理遭遇重大挑战。党的十九届五中全会对“十四五”规划和2035年远景目标作出一系列重要部署，对国家而言是一次意义深远的战略升级。我国专业技术人才队伍建设和专业技术人才工作需要紧紧围绕高水平科技自立自强，聚焦一系列关键核心技术领域在全球“桥头堡”“无人区”和“前沿地”开展国际人才竞争和国内自主培养，需要系统工作布局、资源重组、流程再造、项目规划和政策供给，加快培养、引进、使用一大批引领型人才、战略型人才、创新创业人才和技术技能人才，为中华民族伟大复兴提供智力战略支撑。

《人力资源和社会保障事业发展“十四五”规划》（以下简称《规划》）第四章以“激发人才创新活力”为主题，就“十四五”时期深入实施人才强国战略，全方位培养、引进、用好专业技术人才提出了总体思路和具体安排，为未来一段时间我国专业技术人才队伍建设和工作创新融入国家大战略、大方向、大格局，实现以人才引领推动高质量发展提供了目标路径和工作指南。

《规划》提出了一系列重点工作举措，作为“十四五”

时期推动专业技术人才队伍建设的重要载体和工作抓手。一是在队伍建设方面，紧扣高端引领、分层分类原则，提出以实施博士后创新人才支持计划和国际交流计划为引导，支持设立博士后创新岗位，培养造就更多具有国际竞争力的青年科技人才后备军；以实施专业技术人才知识更新工程为龙头，全面提升专业技术人才的能力素质，壮大高水平工程师队伍；实施专家服务基层行动，开展新疆、西藏和四省涉藏州县等少数民族专业技术人才特殊培养工作，强化基层专业技术人才队伍建设。二是在制度建设方面，围绕全方位人才培养、引进、用好人才，以优化实施政府特殊津贴制度为抓手，形成梯次衔接的高层次领军人才培养选拔体系；以推动出台地方和行业继续教育配套政策措施为突破，构建分类分层的专业技术人员继续教育体系；以改革完善博士后制度为核心，更好发挥博士后在高校院所和企业创新中的作用；以深化职称制度改革、完善职业资格制度为动力，推动对专业技术人才的科学评价；以发挥市场配置人才的决定性作用为导向，促进人才顺畅有序流动；以推进事业单位人事制度改革、完善国家表彰奖励制度为保障，优化专业技术人才用人、激励和保障体系。三是在平台和服务体系建设方面，按照提高人才公共服务能力和质量的要求，提出加强博士后科研流动站和工作站、留学人员创业园和职称评审信息化建设，为重点专业技术人才群体创新发展提供服务支撑；加强国家级专家服务基地建设，形成高层次人才服务地方发展长效机制。

这些工作措施，既符合新时代中央人才工作的总体要求，又结合了专业技术人才发展的自身特点，既支撑《规划》提出的主要目标，又注重工作的统筹兼顾，体现出三个主要特点：一是适应专业技术人才发展新需求，突出重大制度改革和政策创新。比如，强调推动博士后制度、政府特殊津贴制度、继续教育制度、职称与职业资格制度等重要制度改革，突出支持设立博士后创新岗位、举办全国博士后创新创业大赛、实施数字技术工程师培育项目、加快开发新职业标准、动态优化职业资格目录、推动职业资格国（境）内外互认等创新性举措。二是注重通过计划项目带动重点工作的开展实施。重点工作配备若干具体计划项目，以项目支撑政策、以项目牵引工作，有利于重点任务落实落地。比如，以实施博士后创新人才支持计划和国际交流计划来带动博士后工作创新发展，以实施专业技术人才知识更新工程为龙头，全面提升专业技术人才能力素质，带动继续教育工作全面发展等。三是充分发挥人力资源和社会保障部门职能，根据新形势、新发展和新要求，进一步细化、深化、优化专业技术人才开发的工作抓手和政策工具，进一步提升精细化、应需化工作水平。

推动人才发展是一项战略性事业。作为我国人才队伍中数量最大、专业水平最高和创新能力最强的群体，专业技术人才发展前景光明、责任重大、使命光荣。“十四五”时期，以实施《规划》为契机，贯彻新时代人才强国战略，加快确立人才引领发展战略地位，促进各类专业技术人才创新活力竞相迸发，推动专业技术人才工作迈入高质量发展新阶段。

（供稿单位：专业技术人员管理司）

加强技能人才队伍建设

2021 年 6 月 29 日，人力资源社会保障部印发《人力资源和社会保障事业发展“十四五”规划》，启动实施“技能中国行动”，并作为贯穿“十四五”时期技能人才工作的一项重要任务。“十四五”时期，我国进入新的发展阶段，经济社会发展面临的环境十分复杂，任务十分艰巨。技能人才是产业工人的核心骨干，是工人阶级中发挥支撑作用的主体力量，是中等收入群体的重要组成部分。实施“技能中国行动”，以全国性统一“行动”的方式，紧贴经济社会发展需求，集合政策举措，制定技能人才工作路线图，动员全社会力量，强力提升技能人才队伍建设水平，对于实现制造强国战略，全面实现“十四五”的奋斗目标，意义十分重大。

2021 年 6 月 30 日，人力资源社会保障部印发《“技能中国行动”实施方案》（以下简称《方案》）。

紧跟时代步伐，体现时代需求，是《方案》的鲜明特色。从21世纪初国家确立新的人才观，到2006年中办国办印发《关于进一步加强高技能人才工作的意见》，对技能人才队伍建设进行全面规划，再到2011年国家开始实施高技能人才振兴计划，以项目引领技能人才队伍建设，我国技能人才工作稳步扎实推进。“十三五”以来，党中央国务院关于产业工人队伍建设、提高技术工人待遇、推行终身职业技能培训制度、组织开展职业技能提升行动等一系列政策密集出台，技能人才队伍建设不断取得新的成就。时代前行，到了“十四五”开局之年，我国经济社会步入新的发展阶段，技能人才队伍建设面临新的形势。《方案》站在新起点，立足于新阶段，适应新要求，对“十四五”时期技能人才工作进行总体谋划，从指导思想、目标任务到政策措施，都体现了鲜明的时代特色，是“十四五”时期技能人才工作的行动指南。

第一，全面贯彻习近平新时代中国特色社会主义思想和习近平总书记对技能人才工作重要指示精神。习近平新时代中国特色社会主义思想是我们一切行动的根本遵循。习近平总书记关于技能人才工作的一系列重要指示，是“十四五”时期做好技能人才工作的根本遵循。特别是习近平总书记对我国选手在世界技能大赛中取得优异成绩和全国技能大赛成功举办所作出的重要指示，体现了对技术工人技能人才的高度重视，为技能人才工作指明了方向。《方案》的制定，本身就是贯彻落实习近平总书记对技能人才工作重要指示精神的重要举措。在指导思想上，《方案》明确要以习近平新时代中国特色社会主义思想为指导，认真落实习近平总书记重要指示精神。在内容上，集中体现习近平总书记关于要健全技能人才培养、使用、评价、激励制度，大力发展技工教育，大规模开展职业技能培训，大力弘扬劳模精神、劳动精神、工匠精神，加快培养大批高素质劳动者和技术技能人才的一系列指示要求。贯彻落实习近平总书记重要指示，是当前技能人才工作的重中之重，也是时代精神最重要体现。

第二，体现了“十四五”时期经济社会发展的需求。党的十九大和十九届五中全会指出，“十四五”时期我国仍处在重要的战略机遇期，继续发展具有多方面的有利条件，同时面临的国际环境日趋复杂，经济全球化遭遇逆流，科技发展面临外部打压和遏制加剧的形势。要跨越“中等收入陷阱”，还需付出长期艰苦的努力。我国仍然是世界上最大的发展中国家，基本国情没有变，发展仍然是我们党执政兴国的第一要务。在经济社会发展中，技术工人技能人才不可或缺。习近平总书记强调，技术工人队伍是支撑中国制造、中国创造的重要基础，对推动经济高质量发展具有重要作用。因此，技能人才工作应当紧紧围绕经济社会发展进行总体规划设计。《方案》体现了这一精神，在目标任务上，确定以培养高技能人才、能工巧匠、大国工匠为先导，带动技能人才队伍梯次发展，形成一支规模宏大、结构合理，技能精湛、素质优良，基本满足我国经济社会高质量发展需要的技能人才队伍。在基本原则上，确定根据新阶段的要求，突出坚持服务发展，以推进技能人才供给侧结构性改革为主线；瞄准缓解结构性就业矛盾，以提升全民技能、构建技能社会为引领；坚持需求导向，突出需求导向目标，培养更多高素质劳动者，围绕急需紧缺领域培养更多技能人才和大国工匠。按照指导思想、目标要求和基本原则，《方案》确定了一系列围绕经济社会发展培养技能人才的政策措施，构成了全面系统的行动体系。

第三，立足长远、着眼当前，各项政策措施具有较强的针对性。《方案》提出“强基础、优结构，扩规模、提质量，建机制、增活力”的指导思想，一方面立足于近年来技能人才工作基础，健全终身职业技能培训制度，实施技能提升行动，改革完善技能人才评价制度体系，构建职业技能竞赛体系，推行中国特色企业新型学徒制等，继续着眼于长远的体制机制建设。另一方面坚持问题导向，聚焦于制约技能人才工作的短板弱项，根据“十四五”时期的新特点、新要求，提出一系列政策措施，都具有较强的针对性。“一体系、四行动”的工作任务，符合技能人才工作实际，其中很多措施具有创新意义。如实施“技能强企行动”，即是针对产业工人队伍建设这一时代命题，为解决企业技能人才队伍建设相对薄弱的问题，综合近年来行之有效的措施开展的一项行动，必将有力地推动企业技能人才队伍建设。再如推动国家乡村振兴重点帮扶地区技工教育和职业培训均衡发展的相关措施，也具有很强的针对性。《方案》坚持行动措施和政策供给相结合，不仅明确了具体工作措施，而且有政策支撑，有利于保障和推动各项措施的落实。

技工教育是我国技能形成体系和终身职业技能培训制度的重要载体。《方案》从技能人才队伍建设的高度，强调大力发展技工教育的重要性，在“技能中国行动”中，提出了发展技工教育的一系列措施，包括稳定和扩大技工院校招生规模，推动将技工院校纳入统一招生平台，建设全国技工院校招生宣传平台，以及动员技工院校积极参与技能提升、乡村振兴等。相信随着“技能中国行动”的实施，技工教育的发展环境必将得到改善，办学水平必将得到提升，也必将在技能人才队伍建设中发挥更大作用。

（供稿单位：职业能力建设司）

持续推进事业单位人事制度改革

深化事业单位人事制度改革是全面深化改革的一项重点任务，是推进国家治理体系和治理能力现代化的重要组成部分。《人力资源和社会保障事业发展“十四五”规划》对我国事业单位人事制度改革提出了明确要求，是进一步激发事业单位工作人员积极性、主动性、创造性，持续推动事业单位发展的重要指南。

一、“十三五”时期事业单位人事管理工作的主要成就

“十三五”期间，事业单位人事管理工作取得突破性成果，对落实国家发展战略，推动公共事业健康发展发挥了积极的作用。

（一）以建立完备政策法规体系为重点，不断加强事业单位人事管理基本制度建设

一是完善聘用制度和公开招聘制度。陆续出台《关于事业单位公开招聘岗位条件设置有关问题的通

知》《事业单位公开招聘违纪违规行为处理规定》。二是健全岗位管理制度。印发关于开展事业单位哲学社会科学领域专业技术一级岗位设置试点工作的意见，对专业技术一级岗位设置的基本原则、人选条件、评审程序以及聘后管理等内容作出明确规定，组织开展事业单位哲学社会科学领域专业技术一级岗位设置试点工作。三是加强《事业单位人事管理条例》配套规章建设。陆续出台了《关于贯彻执行〈事业单位工作人员处分暂行规定〉若干问题的意见》《事业单位工作人员奖励规定》《事业单位人事管理回避规定》《事业单位工作人员培训规定》《事业单位工作人员申诉案件办理规则》等配套规章制度。符合事业单位特点的人事管理制度体系已初步形成。

（二）以搞活用人制度、转换用人机制为核心，不断深化事业单位人事制度改革

一是公开招聘、聘用管理、岗位管理等各项制度全面推行，平等、竞争、择优的公开招聘制度成为事业单位进人主渠道，人员能进能出、岗位能上能下的用人机制初步形成。二是以高校、科研院所为重点，推进“放管服”改革，进一步扩大和落实事业单位用

人自主权，进一步激发事业单位创新活力。三是不断深化行业事业单位人事制度改革。落实中央加强文物保护利用改革决策部署，加强文博人才队伍建设，会同国家文物局印发《关于进一步加强文博事业单位人事管理工作的指导意见》。落实科教兴国战略，促进新时代技工院校教师队伍建设，印发《关于技工院校公开招聘有关事项的通知》。四是配合中央编办等有关部门出台深化事业单位改革试点工作的指导意见，启动了事业单位改革试点工作。

（三）坚持严管与厚爱结合、激励与约束并重，建设高素质专业化事业单位工作人员队伍，激励担当作为

一是贯彻落实中央部署，组织开展了县以下事业单位管理岗位职员等级晋升制度试点工作，得到了基层事业单位干部职工的普遍欢迎和认可。二是落实创新驱动发展战略，陆续出台《关于支持和鼓励事业单位专业技术人员创新创业的指导意见》《关于进一步支持和鼓励事业单位科研人员创新创业的指导意见》，支持和鼓励事业单位科研人员创新创业，促进科技成果向现实生产力转化。三是落实中央决策部署，及时印

发《关于切实做好新型冠状病毒感染的肺炎疫情防控期间事业单位人事管理工作有关问题的通知》，并组织开展关爱抗疫“一线”行动，激励保障一线医务人员奋勇抗疫。四是会同中央组织部、中央编办、财政部出台《关于建立机关事业单位防治“吃空饷”问题长效机制的指导意见》，扎实开展“吃空饷”专项整治，进一步规范事业单位用人行为。

（四）落实中央打赢脱贫攻坚战决策部署，大力做好人事扶贫工作

一是会同中央组织部出台《关于进一步做好艰苦边远地区县乡事业单位公开招聘工作的通知》，明确“三放宽一允许”（放宽年龄、学历、专业，允许面向本地户籍人员或生源）等人事扶贫倾斜性政策，并指导贫困地区基层事业单位抓好贯彻落实，进一步解决好贫困地区基层事业单位“招人难、留人难”问题。二是加强与教育、卫生等相关部门政策联动，促进高校毕业生就业的同时，为深度贫困地区持续发展提供人才保障。会同中央组织部、教育部、卫生健康委等部门，陆续出台《关于应对新冠肺炎疫情影响做好事业单位公开招聘高校毕业生工作的通知》《关于做好

2020年中小学幼儿园教师公开招聘有关工作的通知》《关于做好2020年县级及基层医疗卫生机构公开招聘高校毕业生工作的通知》等文件，引导激励高校毕业生到艰苦边远地区和基层工作，在脱贫攻坚一线建功立业，既解决贫困地区基层事业单位“招人难、留人难”问题，又提升队伍素质和教育、卫生公共服务质量。三是开展脱贫攻坚专项奖励。印发《关于在全国事业单位集中开展脱贫攻坚专项奖励工作的通知》，开展脱贫攻坚专项奖励工作，对在脱贫攻坚工作中表现突出、成绩显著的事业单位工作人员和集体实施专项奖励，激励引导基层事业单位工作人员在扶贫一线干事创业。

总之，“十三五”期间事业单位人事政策法规体系不断健全完善，事业单位人事制度改革不断深入，改革任务得到有效落地落实，符合事业单位特点、规范有序、充满活力的事业单位人事管理制度目标基本实现。

二、事业单位人事管理工作面临的主要问题

中国特色社会主义进入新时代，对事业单位人事管理工作提出了新的要求。目前，事业单位人事管理

和人事制度改革还面临着以下主要问题：一是符合事业单位特点的人事管理制度体系还有待进一步健全完善；二是事业单位人事管理工作的规范化、科学化水平还有待进一步提高；三是“能上能下、能进能出、竞争择优”的事业单位用人机制还有待进一步建立健全。

三、“十四五”时期事业单位人事管理工作的政策思路

“十四五”期内事业单位人事管理工作，要以习近平新时代中国特色社会主义思想为指导，全面贯彻落实党的十九大和十九届二中、三中、四中、五中全会精神，全面加强党的领导，以加强制度建设和队伍建设、推进国家治理体系和治理能力现代化为主线，以深化“放管服”改革、激发事业单位活力和调动事业单位工作人员积极性主动性创造性为重点，进一步健全完善权责清晰、机制灵活、严管厚爱结合、激励约束并重、符合分类推进事业单位改革要求和人才成长规律的事业单位人事管理制度，建设一支政治过硬、本领高强的高素质专业化工作人员队伍，为促进公共事业发展、全面建成小康社会提供人事人才保障。

一是建立健全符合分类推进事业单位改革要求的人事管理制度，完善事业单位聘用合同管理、公开招聘、岗位管理制度，建立健全事业单位工作人员交流制度和人事管理监督制度，推进建立人事管理权责清单。

二是优化事业单位人事管理机制。健全完善事业单位工作人员考核、奖惩、培训机制。加快推进专业技术一级岗位设置工作。推行事业单位人事管理“一件事”服务模式。

三是激发事业单位活力，进一步释放创新创造潜能。支持和鼓励高校、科研院所等事业单位科研人员按规定创新创业并取得合法报酬。

四是落实乡村振兴战略，优化基层事业单位相关人事政策。全面推进县以下事业单位建立管理岗位职员等级晋升制度，激励引导基层事业单位工作人员在乡村振兴中干事创业、建功立业。支持和鼓励农业科技人员按规定入乡兼职兼薪和离岗创办企业。

（供稿单位：事业单位人事管理司）

深化企业工资分配制度改革

企业工资分配是收入分配的重要组成部分，是初次分配的重要内容，涉及广大职工切身利益，关系到共同富裕的实现、经济的健康发展和社会的和谐稳定。《中华人民共和国国民经济和社会发展第十四个五年规划和2035年远景目标纲要》（以下简称《纲要》）明确了“十四五”时期全体人民共同富裕要迈出坚实步伐，提出了优化收入分配结构的目标和任务。《人力资源和社会保障事业发展“十四五”规划》（以下简称《规划》）进一步细化了深化企业工资分配制度改革的主要任务和政策措施。做好“十四五”时期企业工资分配工作，必须要在认真总结“十三五”时期经验的基础上，准确把握“十四五”时期经济社会发展的新形势新要求，全面贯彻落实《纲要》和《规划》要求，在促进共同富裕行动中深入推进企业工资分配制度改革。

一、“十三五”时期企业工资分配工作取得的成绩

“十三五”时期，市场机制对企业工资分配的决定性作用进一步发挥，政府对企业工资分配的指导和调节力度不断加大，企业职工工资水平进一步提高，为促进实现共同富裕奠定了坚实基础。

（一）企业工资分配制度机制不断健全

积极推行工资集体协商制度，深入推进实施集体合同制度攻坚计划、集体协商“稳就业促发展构和谐”行动计划，促进工资集体协商提质增效，企业工资决定机制逐步建立。落实《促进科技成果转化法》等法规文件，对科研人员实行更加灵活的薪酬制度；研究制定《技能人才薪酬分配指引》，引导企业合理评价技能要素贡献，以增加知识、技能价值为导向的工资收入分配政策进一步确立。完善最低工资标准调整机制，2016年至2020年，全国分别有9、20、16、8、3个地区调整了最低工资标准，最低工资标准调整与经济社会发展协调性和区域平衡性不断提高。建立全国企业薪酬调查和信息发布制度，30个省（自治区、直辖市）建立了本级调查制度，国家、省、市三级调查和信息发布体系基本形成，国家层面连续两次发布薪酬

价位信息，为引导企业合理确定职工工资水平提供信息参考。定期开展制造业人工成本季度监测，为形势研判和宏观决策提供支撑。

（二）国有企业工资分配制度改革全面推进

按照党中央、国务院深化国有企业改革和收入分配制度改革的要求，以增强国有企业活力、提升国有企业效率为中心，积极推进国有企业工资分配制度改革。国有企业负责人薪酬制度改革全面实施，薪酬分配监管体制进一步健全，不合理的偏高、过高收入得到调整，薪酬分配秩序得到有效规范，基本实现国有企业负责人薪酬水平适当、结构合理、管理规范、监督有效的目标。国有企业工资决定机制改革取得重大突破，初步建立与中国特色现代企业制度相适应的国有企业工资分配制度体系，国有企业工资分配指导调控逐步加强，国有企业职工工资实现平稳有序增长，有效激发了国有企业创造力和提升了市场竞争力。

（三）解决拖欠农民工工资问题取得重大进展

健全工资支付保障长效机制，推动出台《保障农民工工资支付条例》，为保障农民工工资支付工作提供了有力的法治保障。扎实推进根治欠薪工作，拖欠农民工工资问题高发多发态势得到有效遏制。5 年来，各级劳动保障监察机构查处工资类违法案件数量和涉及人数均实现了大幅下降。

(四) 企业职工工资逐步提高

城镇非私营单位从业人员平均工资从 2015 年的 62029 元提高到 2020 年的 97379 元，年均增长 9.4%，扣除价格因素，实际年均增长 7.1%。城镇私营单位就业人员年平均工资，从 2015 年的 39589 元增加到 2020 年的 57727 元，年均增长 7.8%，扣除价格因素，实际年均增长 5.5%。

二、"十四五"时期企业工资分配工作面临的形势

党中央、国务院高度重视收入分配工作。习近平总书记指出，共同富裕是社会主义的本质要求，是人民群众的共同期盼。党的十九届四中、五中全会和《纲要》将收入分配工作摆在更加重要的位置，提出了明确要求，这些都为做好企业工资分配工作指明了方向，提供了遵循。我国经济长期向好的发展趋势没有变，经济的高质量发展和劳动生产率提高将为企业职工工资收入增长提供有力支撑。但是还要看到，"十四五"时期，做好企业工资分配工作仍面临较大挑战。

受国际形势复杂严峻、新冠肺炎疫情等因素影响，我国经济恢复基础尚不牢固，制约着企业职工工资收入增长。城乡、区域经济发展的不充分、不均衡，使劳动力和各种生产要素持续向发达地区、城市群集中，城乡、行业、地区劳动报酬差距可能拉大。新技术、新经济的快速发展，一定程度上影响了部分劳动者就业的稳定性和收入的可持续性。

三、“十四五”时期做好企业工资分配工作的主要任务和措施

“十四五”时期要在把握新发展阶段、贯彻新发展理念、构建新发展格局中进一步谋划定位企业工资分配工作，在发挥市场决定作用的同时更好发挥政府作用，继续深化企业工资分配制度改革，健全企业工资分配宏观调控体系，努力实现劳动报酬增长与劳动生产率提高基本同步，更加积极有为地促进共同富裕，让改革发展成果更多更公平惠及全体劳动者。

（一）发挥市场在工资分配中的决定性作用，强化收入分配政策的激励导向

一是进一步健全劳动、知识、技术、管理等要素按贡献决定报酬的机制，完善更好体现人力资本价值

贡献的工资收入分配办法。二是以非公有制企业为重点推动工资决定机制改革，推进工资集体协商，提高集体协商的实效性，促进小微企业、非公有制企业劳动者工资增长与劳动生产率增长协调。三是持续深化国有企业工资分配制度改革。加快推进国有企业市场化分配机制改革，实现工资能增能减、收入能高能低。开展国有企业职业经理人薪酬制度改革试点，建立国有企业职业经理人薪酬制度。研究完善国有企业科技人才激励政策，支持和促进国有企业科技创新。

（二）加强和改进工资收入分配宏观调控，理顺工资收入分配关系

一是完善最低工资制度，健全最低工资标准调整机制，创新评估机制，增强调整的科学性、合理性，充分发挥最低工资功能作用，保障低收入职工分享经济社会发展成果。二是健全工资指导线制度，强化工资指导线应用，发挥指导企业在经济增长基础上与职工成果共享的积极作用。三是完善企业薪酬调查和信息发布制度，探索建立健全包括薪酬调查、招聘平台和上市公司等薪酬数据在内的全国各类企业工资收入分配大数据系统，为企业合理确定工资水平提供更具

针对性的信息引导。四是推动企业落实《技能人才薪酬分配指引》，指导企业健全体现技能价值激励导向的薪酬分配制度。五是规范工资收入秩序，全面贯彻落实《保障农民工工资支付条例》，加强对国有企业内外工资收入分配的监督检查。

（供稿单位：劳动关系司）

改革完善事业单位工资制度

事业单位工资收入分配，是社会收入分配的重要组成部分，涉及广大职工切身利益，关系到公共服务质量和人民群众美好生活需要的实现，影响经济发展和社会和谐稳定。

一、“十三五”时期事业单位工资工作进展及成效

“十三五”时期，随着岗位绩效工资制度逐步落实，适应事业单位特点并明显区别于公务员工资的事业单位工资制度模式基本形成。事业单位工资收入分配对于事业单位人员队伍建设和稳定以及促进公共服务事业发展作用的发挥，取得积极成效。

（一）落实创新驱动发展战略，实行以增加知识价值为导向的工资政策，激发事业单位人才创新创造活力

贯彻落实党中央、国务院关于加快实施创新驱动发展战略、深化人才发展体制机制改革的总体部署和

要求，制定和实施一系列以增加知识价值为导向的工资政策。一是加大对高层次人才的工资分配激励力度。会同财政部出台事业单位高层次人才工资分配激励相关政策，明确事业单位高层次人才所需绩效工资总量单列，相应增加单位绩效工资总量等政策措施，充分发挥工资分配激励导向作用。二是会同有关部门研究科研人员职务科技成果转化现金奖励政策。明确“科研人员获得的职务科技成果转化现金奖励计入当年本单位绩效工资总量，但不受总量限制，不纳入总量基数”的操作办法。三是落实对科研人员实行更加灵活的薪酬制度政策。会同有关部门落实中办、国办《关于实行以增加知识价值为导向分配政策的若干意见》，指导地方和部门对承担重大科技攻关的科研人员，实行更加灵活的薪酬制度，激发科技创新热情；对从事基础性研究等研发周期较长的科研人员，稳步提高基本工资收入，引导他们潜心研究。

（二）结合分类推进事业单位改革，不断改革完善岗位绩效工资制度，探索建立符合行业特点的工资制度

一是落实基本工资正常调整机制。明确基本工资标准原则上每年或每两年调整一次，2014 年、2016

年、2018 年先后三次调整了事业单位基本工资标准。二是完善绩效工资制度。指导各地推进事业单位绩效工资实施工作，创新绩效工资管理办法，探索形成了“1+X”模式、绩效工资分类增长机制等富有特色的办法。事业单位工资制度正在探索改变大一统的模式，更加适应不同类型、不同层次事业单位需要。三是配合推进各项改革出台工资配套政策。配合开展县以下事业单位管理岗位职员等级晋升制度试点，研究制定配套工资政策。结合深化党和国家机构改革，研究制定消防员体现消防救援队伍职业特点的工资待遇和消防救援人员退休政策，指导相关部门做好从军队转隶移交到事业单位人员实施岗位绩效工资制度工作。

（三）按照深化医疗卫生体制改革要求，开展公立医院薪酬制度改革试点，探索建立符合医疗卫生行业特点的薪酬制度

落实党中央、国务院关于实施健康中国战略部署，按照深化医药卫生体制改革要求，不断深化医疗卫生机构薪酬制度改革。一是会同有关部门印发公立医院薪酬制度改革试点文件，扩大试点范围，指导各地开展试点工作。试点地区和医院按照“两个允许”要求，

在薪酬水平确定、优化薪酬结构、合理确定主要负责人薪酬、落实自主分配权等方面做了许多有益探索，形成了多种行之有效的模式，有力促进了公立医院综合改革。二是完善基层医疗卫生机构绩效工资政策。会同有关部门出台基层医疗卫生机构绩效工资政策保障家庭医生签约服务相关政策，要求各地统筹平衡与当地县区级公立医院绩效工资水平的关系，合理核定基层医疗卫生机构绩效工资总量和水平，扩大基层医疗卫生机构绩效工资分配自主权，促进基层医疗卫生事业发展。三是实行传染病疫情防治人员临时工作补助政策。会同财政部出台传染病疫情防治人员临时性工作补助相关文件，明确对参与传染病突发公共卫生事件的人员，发放临时性工作补助。四是调整卫生防疫津贴标准。会同财政部调整卫生防疫津贴标准，提高卫生防疫工作人员待遇。另外，在新冠肺炎疫情防控期间，认真落实党中央、国务院保护关心爱护一线医务人员相关工资福利政策。落实传染病疫情防治人员临时性工作补助，将湖北省（含援鄂医疗队）一线医务人员临时性工作补助相应标准提高 1 倍；及时核增医疗机构一次性绩效工资总量，将湖北省（含援鄂医疗队）一线医务人员薪酬水平提高2倍；提高卫生防疫津贴标准，疫情防控期间将一线医务人员纳入津贴发放范围；明确对一线医务人员可增加不少于5天的带薪休假。

（四）服务教育强国建设，加大倾斜力度，保障教师工资待遇

一是加大基本工资倾斜力度。2018年调资时，为义务教育教师单独制定基本工资标准，倾斜力度超过10%，进一步体现了对义务教育教师的政策照顾和关心。二是完善保障义务教育教师工资待遇有关政策。会同有关部门研究，明确义务教育教师和当地公务员工资收入的比较口径，确保义务教育教师平均工资收入水平不低于当地公务员平均工资收入水平。三是会同有关部门指导落实符合条件教师可享受的工资倾斜政策，包括艰苦边远地区津贴、乡镇工作补贴以及高定薪级工资等政策措施。

（五）落实人社扶贫攻坚部署，加大向中西部和基层事业单位工资政策倾斜力度，稳步提升欠发达地区工资水平

一是实行乡镇工作补贴。对乡镇事业单位工作人

员执行乡镇工作补贴政策，补贴标准不低于月人均200元，并向条件艰苦的偏远乡镇和长期在乡镇事业单位工作的人员倾斜。二是实行高定薪级工资政策。指导各地落实引导和鼓励高校毕业生到基层工作相关政策，新录用到中西部地区、东北地区或艰苦边远地区、国家扶贫开发工作重点县县以下事业单位工作的高校毕业生可高定薪级工资。三是调整艰苦边远地区津贴标准。落实艰苦边远地区津贴正常调整机制，2016年、2018年先后两次调整了艰苦边远地区津贴标准。四是调整西藏特殊津贴标准。完善西藏事业单位工作人员西藏特殊津贴实施办法，及时调整西藏特殊津贴标准。五是建立南疆工作补贴。对南疆四地州事业单位工作人员及长期在南疆工作并退休的干部建立了南疆工作补贴，进一步提高了南疆工作人员工资水平。六是提高高海拔地区折算工龄补贴。落实中央西藏工作会议精神，会同财政部印发文件，调整高海拔地区机关事业单位在职人员和离休人员折算工龄补贴标准。

二、“十四五”时期改革完善事业单位工资制度面临的问题及政策思路

随着改革的推进，事业单位工资制度改革已逐渐

步入深水区，新的问题和矛盾不断出现，还存在工资收入水平分化、收入差距仍然明显，工资收入分配机制分化、激励效果有待提高，绩效考核难以实施、行业利益诉求强烈、工资制度体现行业特点不足等问题。

“十四五”时期，事业单位工资工作将按照《人力资源和社会保障事业发展“十四五”规划》的要求，改革完善体现岗位绩效和分级分类管理的事业单位薪酬制度，在现行岗位绩效工资制度基础上丰富事业单位工资制度模式，探索建立符合行业特点的事业单位工资制度体系。落实事业单位工作人员基本工资标准定期调整机制，推进高校、科研院所薪酬调查工作，优化工资结构，提高工资水平。适应加快创新驱动发展战略和推动实现科技自立自强的要求，推进高校、科研院所薪酬制度改革，进一步扩大工资分配自主权。适应深化人才发展体制机制改革的要求，加大工资分配倾斜力度，逐步形成符合事业单位高层次人才特点、体现高层次人才价值、激发高层次人才活力、规范有序的工资分配激励机制。落实事业单位科研人员职务科技成果转化现金奖励政策，释放科研人员转化科技成果的热情，进一步促进科技成果向现实生产力转化，推动关键核心技术实现重大突破，为实现科技自立自强提供不竭发展动力。按照健康中国战略、深化医药卫生体制改革的要求，适应现代医院管理制度需要，深化公立医院薪酬制度改革，建立符合医疗卫生行业特点的公立医院薪酬制度，不断提高医疗服务质量和水平，更好地满足人民群众的医疗服务需要。贯彻加强新时代教师队伍建设的要求，落实义务教育教师平均工资水平不低于当地公务员平均工资水平的规定，切实保障义务教育教师工资待遇，维护义务教育教师合法权益，建设高素质、专业化的教师队伍，吸引和鼓励优秀人才长期从教，促进教育事业的发展。落实艰苦边远地区津贴和乡镇工作补贴等工资倾斜政策，鼓励人员向基层流动，体现对基层干部的关怀，稳定基层干部队伍，激励广大基层干部进一步做好本职工作，服务人民群众。完善符合职业特点的消防员工资福利政策，为进一步增强消防救援队伍的吸引力、战斗力、凝聚力提供制度保障。推动落实带薪年休假政策，保障事业单位人员享受休息休假等权益。

（供稿单位：工资福利司）

健全劳动关系协调机制

劳动关系是生产关系的重要组成部分，劳动关系是否和谐，直接事关广大职工和企业的切身利益，事关经济发展与社会和谐。习近平总书记指出，劳动关系是最基本的社会关系之一。要最大限度增加和谐因素、最大限度减少不和谐因素，构建和发展和谐劳动关系，促进社会和谐。要依法保障职工基本权益，健全劳动关系协调机制，及时正确处理劳动关系矛盾纠纷。

一、“十三五”时期劳动关系工作取得的成就

“十三五”时期，构建中国特色和谐劳动关系取得重大进展，劳动关系保持了总体和谐稳定，为促进经济发展和社会和谐做出了积极贡献。主要体现在五个方面：

（一）构建中国特色和谐劳动关系体制机制框架基本确立

党中央、国务院高度重视劳动关系工作，2015 年

印发《关于构建和谐劳动关系的意见》，对构建中国特色和谐劳动关系做出重大部署，提出明确要求。各地区各部门坚决贯彻落实中央文件精神，全国31个省区市结合本地实际出台了具体实施意见，积极推进中国特色和谐劳动关系体制机制建设，党委领导、政府负责、社会协同、企业和职工参与、法治保障的工作体制普遍建立，源头治理、动态管理、应急处置相结合的机制初步建立，劳动关系双方自主协商、社会三方协调、政府依法调整的工作格局基本形成。

（二）劳动关系协调机制和劳动标准逐步完善

劳动合同制度全面实施，劳动合同签订率继续巩固提高，企业用工逐步规范。集体协商机制逐步完善，实施集体合同制度攻坚计划和"稳就业促发展构和谐"三年行动计划，集体协商覆盖范围逐步扩大，协商质量和实效性得到提升。行业集体协商继续推进，餐饮、建筑、纺织等行业集体协商工作取得明显成效。截至2020年底，全国经人社部门备案的集体合同达145万份，覆盖职工1.4亿人。

（三）和谐劳动关系创建活动深入推进

2019年，国家协调劳动关系三方开展全国构建和谐劳动关系先进表彰，和谐劳动关系创建活动中表现突出的342家企业和50个工业园区受到隆重表彰，社会反响热烈，模范劳动关系和谐企业的示范引领作用进一步彰显。政府、工会、企业和社会组织共同参与的协商协调机制不断完善，协调劳动关系三方机制的职能定位、组织模式和运行机制进一步明确，协调劳动关系三方机制逐步向基层、街道、园区延伸，三方机制在构建和谐劳动关系中的独特作用充分发挥。

（四）深化构建和谐劳动关系综合试验区建设和综合配套改革试点取得积极进展

积极稳妥推进具有中国特色劳动关系工作理论、体制、制度、机制和方法创新。2019年，在总结天津滨海新区等地区开展构建和谐劳动关系综合试验区建设经验的基础上，推动天津滨海新区、江苏苏州工业园区、福建福州市、江西景德镇市、山东济宁市、广东深圳盐田区、重庆九龙坡区、四川成都新都区等8个地（市）、县（区）开展深化构建和谐劳动关系综合配套改革试点。试点工作取得积极成效，在完善和创新劳动关系工作体制、劳动关系双方自主协商协调机制、矛盾化解机制、党建引领和社会协同机制以及劳动关系管理和服务等方面形成了一批可复制、可推广的经验。

（五）全力稳定劳动关系应对疫情

紧紧围绕做好“六稳”工作，落实“六保”任务，加强形势分析研判，坚持问题导向，结合疫情不同发展阶段，及时出台涉疫情劳动关系政策，并采取多种措施落实落细，积极开展千户企业培育行动，充分发挥多方力量全力支持企业复工复产稳定劳动关系，确保了全国劳动关系总体稳定。

二、“十四五”时期劳动关系工作面临的问题及主要举措

随着我国进入新发展阶段，面对世界百年未有之大变局，经济发展、科技进步和社会环境的深刻变化，将对劳动关系产生深远影响，对劳动关系规制和劳动关系协调提出更高要求。当前，劳动关系领域还存在一些需要解决的问题。劳动法律法规制度需进一步完善，劳动法律法规在一些用人单位未得到全面落实，劳动关系公共服务水平还不高，协调劳动关系制度机制作用未得到充分发挥，劳动关系基层基础工作还比较薄弱。

“十四五”时期要以习近平新时代中国特色社会主义思想为指导，深入贯彻落实党的十九大和十九届二中、三中、四中、五中全会精神，立足新发展阶段，贯彻新发展理念，构建新发展格局，坚决贯彻落实党中央、国务院关于构建和谐劳动关系的决策部署，推动构建和谐劳动关系高质量发展。力争到 2025 年，中国特色和谐劳动关系协商协调体制机制更加健全，劳动关系协调制度机制和劳动关系工作体制机制进一步完善，劳动关系治理能力明显提高，劳动关系总体和谐稳定。

（一）进一步健全构建和谐劳动关系工作体制

工作体制是推进构建和谐劳动关系的重要保证。“十四五”时期，将继续坚持和加强党对构建和谐劳动关系工作的领导，推动党委和政府建立健全构建和谐劳动关系的领导协调机制，进一步将构建和谐劳动关系纳入当地党委重要议程和政府目标责任考核体系，推进建立完善党委、政府定期听取劳动关系工作汇报并研究解决劳动关系重大问题的制度机制，推动落实政府定政策、作部署、抓落实的责任。进一步完善人力资源社会保障部门牵头、相关部门和单位联动的工作机制，形成决策共谋、工作共抓、信息共享、责任共担的劳动关系治理格局。

（二）实施劳动关系“和谐同行”能力提升三年行动计划

为加强劳动关系治理体系和治理能力建设，构建和谐劳动关系，2020 年 8 月，国家协调劳动关系三方做出部署，决定自 2020 年 9 月至 2023 年 9 月在全国范围实施劳动关系“和谐同行”能力提升三年行动计划，包括打造百名金牌劳动关系协调员、百家金牌协调劳动关系社会组织和百家金牌劳动人事争议调解组织，培育千户劳动关系和谐企业，服务万户新用工主体的和谐劳动关系“百千万”计划；重点企业用工指导计划和企业薪酬指引计划。通过各项具体计划的实施，推进劳动关系工作方式方法创新，推动畅通劳动关系工作“最后一公里”，进一步提升劳动关系公共服务能力和基层调解仲裁工作效能，加强和改进对企业劳动用工的管理、指导和服务，切实提升企业和职工协调劳动关系能力、政府调整劳动关系能力、社会组织参与协调劳动关系能力，促进劳动关系治理能力和水平不断提高。

（三）推进构建中国特色和谐劳动关系改革创新

“十四五”时期，将进一步贯彻落实党中央、国务院关于积极稳妥地推进具有中国特色的劳动关系工作理论、体制、制度、机制和方法创新决策部署，在开展构建和谐劳动关系综合试验区建设和综合配套改革试点的基础上，继续推进构建中国特色和谐劳动关系的创新试验，深入探究和把握社会主义市场经济下劳动关系的规律性，推进劳动关系领域系统性、整体性、协同性改革，为“十四五”时期全国构建和谐劳动关系工作创新发展提供有力支撑。

（四）健全协调劳动关系三方机制

协调劳动关系三方机制是我国社会主义市场经济条件下劳动关系调整体制的重要组成部分，为我国政府、工会和企业组织在社会层面协调劳动关系搭建了一个重要平台。近年来，各级协调劳动关系三方机制共同推动了劳动立法与实施，促进了劳动关系领域利益协调机制、诉求表达机制、矛盾调处机制和权益保障机制的建设，推动解决了大量突出的劳动关系问题，为构建和谐劳动关系发挥了独特作用。“十四五”时期将完善协调劳动关系三方机制组织体系，加快实体化建设。进一步完善三方机制职能，健全工作制度，切实发挥三方机制在协调劳动关系工作中的作用。加大力度培育劳动关系和谐企业，深入开展和谐劳动关系创建活动。

（五）探索建立新就业形态劳动者劳动权益保障机制

创新制度机制，根据企业用工形式和新就业形态劳动者就业方式的不同，明确企业对劳动者权益保障应当承担的相应责任，维护新就业形态劳动者劳动报酬、休息、劳动安全、社会保障等权益。同时，积极向立法部门提出立法建议，推动劳动标准立法工作，为维护新就业形态劳动者劳动权益提供法律保障。

（供稿单位：劳动关系司）

完善劳动人事争议调解仲裁体制机制

劳动人事争议调解仲裁是基于争议当事人的申请，法定专门机构居中作出调解意见或仲裁裁决的一项重要法律制度，与我国现行民事诉讼和其他市场经济国家劳动争议处理制度相比，具有高效、便捷、低成本的优势，是具有中国特色的劳动权益救济制度。长期以来，各级调解仲裁机构坚持以习近平新时代中国特色社会主义思想为指导，坚持把党的主张贯彻落实到调解仲裁工作实践，坚持和发展新时代“枫桥经验”，以进一步加强劳动人事争议处理效能建设为主线，以完善制度、创新机制、提升能力、夯实基础为重点，持续加强调解仲裁规范化、标准化、专业化和信息化建设，依法及时有效处理了一大批劳动人事争议案件，调解仲裁工作取得了显著成绩。

一、“十三五”时期调解仲裁工作成效及存在的困难和问题

（一）争议多元处理格局逐步健全

会同原中央综治办等七部门印发完善争议多元处理机制意见，各地普遍建立党委领导、政府主导、政法协调、人社部门牵头，各有关部门和单位发挥职能作用的争议多元处理机制，将调解仲裁工作纳入平安建设考评内容。会同最高人民法院自上而下推进裁审衔接机制建设，加强受理、保全、执行等程序衔接；联合发布第一批典型案例，统一了部分重要法律适用标准。各地人社部门、人民法院普遍建立了联动工作平台，裁审衔接机制实现全覆盖，当事人维权渠道更加顺畅。会同司法、财政部门加强调解仲裁法律援助，积极帮助更多困难劳动者依法维权。

（二）调解仲裁制度机制进一步完善

修订仲裁办案规则，依法细化终局裁决范围，新增“简易处理”“集体劳动人事争议处理”“调解程序”等内容，仲裁制度优势更加彰显。修订仲裁组织规则，从加强管理、监督和保障三方面完善工作机制，仲裁机构队伍建设更加规范。浙江、山东出台地方性

法规，广东出台政府规章，调解仲裁地方立法层次明显提升。京津冀、长三角、粤港澳大湾区等地区建立健全区域争议处理交流协作机制，劳动者跨地区维权更加便利。各地以部里发布的调解仲裁基本制度目录及范本为基础，着力加强制度建设。以法律为基础、规章为框架、政策为主要内容的调解仲裁制度体系更加健全。

（三）重点案件处理平稳有序

各地贯彻落实党中央关于根治拖欠农民工工资问题的要求，会同多部门开展“护薪”行动，组织“百日清案”攻坚，着力健全拖欠农民工工资争议处理长效机制，更好维护农民工劳动报酬权益。采取超常规措施加强涉疫情争议处理，研究出台专项文件，编写法律政策适用指南，开展集中在线培训，推动案件快立、快调、快审、快结，实现“调解仲裁不停摆，公平正义不止步”，及时维护劳动者权益，促进企业复工复产。协调最高人民法院明确涉疫情争议案件审理参照适用部里相关政策，统一处理尺度，保障政策措施有效落实。印发加强风险防控工作通知，会同工会、企业代表组织做好重点地区“去产能”劳动者安置和

“僵尸企业”出清引发的集体劳动争议，守住了争议处理领域不发生系统性风险的底线。

（四）基础保障能力显著提升

建立健全基层调解网络，开展企业、商（协）会、乡镇（街道）预防调解示范工作，已建立乡镇（街道）劳动就业社会保障服务所（中心）调解组织近 4 万家。仲裁机构实体化建设基本完成，建立仲裁院 3097 个，共有仲裁员 2.3 万人，其中专职 1.4 万人。持续开展分级分类培训，创新开展远程培训。五年来，部级层面直接培训调解员、仲裁员、法官 2 万余人。加强调解仲裁行风建设，34 家调解仲裁机构和 24 名工作人员被评为 2019 年度全国人社系统优质服务窗口和先进个人。仲裁员连续两年夺得全国人社窗口单位业务技能练兵比武状元，2020 年前 10 名选手中有 4 名来自调解仲裁系统。实施“互联网+调解仲裁”2020 行动计划，开发推广全国“互联网+调解”服务平台，已累计受理争议 3.4 万件，其中调解成功 1.7 万件；开展“互联网+仲裁”在线庭审试点，“不见面”处理模式逐步推开。加大宣传力度，开展劳动争议调解仲裁法实施 12 周年征文活动，多种方式解读法律政策，宣传地方经验做法，指导用人单位规范用工、引导劳动者理性维权，有效提升了调解仲裁工作社会影响力。

五年来，全国各级调解仲裁机构共处理争议案件959.9万件，涉及劳动者1128.7万人，调解成功率达到60%以上，仲裁结案率达到90%以上，仲裁终结率由2015年的53.1%提高到2020年的70.5%，其中终局裁决率由18.7%提高到40.9%，将多数争议案件化解在调解仲裁阶段，在实现社会公平正义，提高就业质量，维护劳动关系和谐与社会稳定等方面发挥了重要作用。

在取得成绩的同时，调解仲裁工作还存在一些困难和问题，主要是调解仲裁制度优势有待充分发挥，仲裁办案三方机制落实还不到位，部分地方机构队伍等基层基础建设还相对薄弱，争议处理效能与治理体系和治理能力现代化要求还有较大差距等。

二、调解仲裁工作取得的经验

“十三五”时期，我们不断探索调解仲裁工作规律，深入总结工作经验，主要体现在以下五个方面：一是坚持牢牢把握正确政治方向。以习近平新时代中国特色社会主义思想为指导，践行以人民为中心的发展思想，充分发挥调解仲裁在促进就业、落实社会保障权益、构建和谐劳动关系中的重要作用。二是坚持统筹促进企业发展与保障劳动者权益。树立全局观念和辩证思维，既把握劳动关系双方根本利益的一致性，又协调处理好个案中双方诉求的差异性，平衡好企业与劳动者利益关系。三是坚持改革创新聚力破解难题。坚持问题导向、目标导向和效果导向相统一，着力破解长期困扰基层的裁审衔接不畅等难题，不断完善多调联动、简易程序等调解仲裁制度。四是坚持调解与仲裁同步推进。将调解与仲裁作为车之两轮、鸟之两翼，加强调裁联动、调裁结合，最大限度地将案件终结在调解仲裁阶段。五是坚持人社部门牵头与多部门协同。充分发挥人社部门在制定规则、指导办案、统筹协调等方面的职能职责，积极会同有关部门推动建立各负其责、齐抓共管、互动有力、运转高效的联动机制，形成争议处理合力。

三、“十四五”时期调解仲裁工作思路

党的十九届五中全会从加强和创新社会治理、实现更高质量更加充分就业、保障劳动者待遇和权益、防范化解风险挑战等方面对做好调解仲裁工作提出了

新要求新任务。《中华人民共和国国民经济和社会发展第十四个五年规划和2035年远景目标纲要》明确要求完善劳动争议调解仲裁制度。“十四五”时期，调解仲裁工作要以习近平新时代中国特色社会主义思想为指导，深入贯彻党的十九大和十九届二中、三中、四中、五中全会精神，立足新发展阶段，贯彻新发展理念，服务构建新发展格局，落实《人力资源和社会保障事业发展“十四五”规划》，以彰显中国特色劳动人事争议处理制度优势为导向，以推动调解仲裁事业高质量发展为主题，以加强争议处理效能建设为主线，以提升多元处理机制运行质效为重点，依法高效处理争议案件，进一步提高调解成功率、仲裁终结率、裁审一致率，切实提升调解仲裁工作规范化、标准化、专业化、智能化水平，不断强化调解仲裁的基础性作用、前置作用和保障作用，进一步促进就业质量提升与劳动关系和谐稳定。

（供稿单位：调解仲裁管理司）

提升劳动保障监察执法效能

劳动保障监察肩负着贯彻实施劳动保障法律法规、维护劳动者合法权益、推进人力资源社会保障事业健康发展的重要职责。“十四五”时期是开启全面建设社会主义现代化国家新征程、向第二个百年奋斗目标进军的第一个五年。《人力资源和社会保障事业发展“十四五”规划》对劳动保障监察工作提出了明确任务和要求，是劳动保障监察工作未来五年的行动指南。

一、“十三五”时期劳动保障监察工作主要成就

“十三五”时期，全国各级劳动保障监察机构坚决贯彻党中央、国务院决策部署，认真履职尽责，扎实推进根治欠薪工作，不断健全制度体系，创新监管执法方式，依法惩治违法行为，劳动保障监察工作取得积极进展。

（一）根治欠薪取得重大成效

各地区、各有关部门深入贯彻习近平总书记关于

根治欠薪的重要指示批示精神，提高政治站位、强化责任担当，坚持把功夫下在平时，妥善解决各类欠薪问题。一是颁布实施《保障农民工工资支付条例》（以下简称《条例》），明确了农民工工资专用账户、总包代发工资、农民工实名制、工资保证金、应急周转金等法定制度，出台《条例》配套政策，形成全链条根治欠薪制度体系。二是成立国务院根治拖欠农民工工资工作领导小组，各地也相应成立领导小组，形成上下齐心协力、部门联合发力的系统治欠工作格局。三是组织实施省级政府保障农民工工资支付工作考核，充分发挥考核“指挥棒”作用，有效传导压力，压紧压实属地和部门责任。四是开通“全国根治欠薪线索反映平台”，全面畅通举报投诉渠道，为劳动者打通执法服务“最先一公里”。五是开展根治欠薪夏季行动和冬季专项行动，向社会公布重大欠薪违法行为，实施欠薪“黑名单”管理制度，强化失信联合惩戒，健全行政执法与刑事司法衔接机制，依法严惩恶意欠薪行为。

经过努力，拖欠农民工工资问题多发高发态势得到有效遏制。据国家统计局数据显示，2020 年末被欠薪的农民工比重从2016年末的0.84%下降到0.16%，是2008年以来最低水平。

（二）劳动用工信用监管体系基本建立

积极推进劳动用工领域信用体系建设，构建以信用为基础的新型监管机制。开展企业劳动保障守法诚信等级评价工作，对企业实施分类监管、精准执法，降低执法成本，提高执法效能。开展重大劳动保障违法行为社会公布工作，强化社会舆论监督，促进用人单位遵守劳动保障法律、法规和规章。建立拖欠农民工工资“黑名单”制度，将严重拖欠农民工工资的用人单位及法定代表人、相关责任人纳入“黑名单”管理，使失信企业在全国“一处违法、处处受限”。“十三五”期间，共向社会公布重大劳动保障违法案件13159件，共将2439户用人单位纳入拖欠农民工工资“黑名单”管理，由相关部门依法依规实施联合惩戒。

（三）执法规范化水平明显提升

按照党中央、国务院关于行政执法体制改革的决策部署，各级劳动保障监察机构坚持完善执法制度、改进执法方式、提高执法素养，把严格规范公正文明执法的要求落到实处。一是出台《条例》执法指引，规范各地区对《条例》的适用，制定查询欠薪当事人车辆登记、房屋不动产登记和银行账户情况文件，规范查询工作流程。二是全面实施行政执法公示、执法全过程记录、重大执法决定法制审核三项制度，营造公开透明的执法环境。三是规范监察执法自由裁量权，科学制定裁量标准，统一执法尺度，确保监察执法公正文明。四是建立“双随机、一公开”监管机制，制定随机抽查事项清单，及时准确公开抽查结果，实现阳光执法、公正执法，防止任性执法，进一步营造公平和谐的劳动用工环境。

（四）日常执法和专项整治互促互进

各级劳动保障监察机构充分发挥职能作用，以积极主动、真抓实干的精神，牢牢守住不发生系统性区域性风险的底线，突出根治欠薪重点，维护劳动者合法权益，服务人社发展大局。一是日常执法常抓不懈。通过日常巡查加大对违法行为排查力度，有效打击各类劳动保障违法行为。“十三五”期间，全国共主动检查用人单位 748.2 万户次，涉及劳动者 3.1 亿人次；书面审查用人单位 923.7 万户次，涉及劳动者 3.3 亿人次。查处各类劳动保障违法案件 88.5 万件，其中，工资类57.4万件，社会保险类12万件，劳动合同类6.7万件，工时和休息休假类4.4万件。二是持续开展专项执法。组织开展清理整顿人力资源市场秩序专项执法行动，进一步规范人力资源服务活动，维护劳动者平等就业权益，促进人力资源行业健康发展。开展用人单位遵守劳动用工和社会保险法律法规情况专项检查，严厉打击超时加班、未参加社会保险等违法行为。三是妥善应对新冠肺炎疫情影响。利用信息化手段接收非现场举报投诉，开展有温度的柔性化执法，对轻微违法行为不予行政处罚，为企业提供容错空间，阶段性缓缴农民工工资保证金188亿元，减轻企业复工复产压力。

（五）执法能力进一步增强

各地区人力资源社会保障部门不断推进监察执法重心下移，执法资源和执法力量向基层和重点领域倾斜，有效提升基层一线执法能力。部分地区探索推进执法改革，实施人社部门监察机构综合执法，理顺执法职能，整合执法资源，彻底解决多头执法、交叉执法现象，形成权责统一、权威高效的一体化监察综合执法体制。各地区普遍构建劳动保障监察信息系统，利用信息技术探索新监管模式，提高现代科技手段在执法办案中的应用水平。大力开展作风建设，提升执法服务质量，严格落实首问负责、一次性告知等制度。拓展多元化执法方式，对严重违法行为，综合运用行政处罚、联合惩戒、移送司法等手段惩处，对情节轻微的，采取约谈、警告、责令改正等措施予以纠正，切实增强了执法效果。

二、劳动保障监察工作面临的主要问题

当前，我国发展仍然处于重要战略机遇期，制度优势显著，治理效能提升，但产业转型升级、就业方式多样化加快发展，为劳动保障监察工作带来巨大压力，根治欠薪形势依然复杂严峻，监察执法服务与人民群众的期待尚有差距。

（一）欠薪风险压力较大

当前，全球疫情持续蔓延，经济承压长期化、疫情防控常态化、产业升级加速化与劳动者诉求多元化的问题交织，欠薪风险隐患依然较多。拖欠工程款、工程结算纠纷、用工管理不规范等导致欠薪的源头性问题仍未消除。部分企业因多种因素叠加导致生产经营困难，工资支付能力下降，延期支付、减薪降薪现

象有所增多。同时，一些舆情所反映的欠薪问题，实际上是一些企业和个人以拖欠农民工工资为名讨要工程款，也增加了解决欠薪问题的复杂性。

（二）新就业形态从业人员权益维护成为新热点

近年来，新就业形态蓬勃发展，但是权益保障不足问题日益凸显，主要是由于平台企业劳动用工形式突破常规，难以认定劳动关系并纳入劳动保障体系。当前，新就业形态从业人员维权问题极易形成舆情热点，处置不当极易引发群体性事件，维护新就业形态从业人员权益的法律法规还有待进一步完善。

（三）监察执法力量难以满足执法任务需要

全国有专职监察员2.7万人，人均执法服务5000余个市场主体、2万余名员工，有的地区还出现了撤并劳动保障监察机构的情况。但是，有关法律法规赋予监察执法事项还在不断增加，进一步加剧了执法力量不足的矛盾。

三、“十四五”时期劳动保障监察工作思路

“十四五”时期，各级劳动保障监察机构以习近平新时代中国特色社会主义思想为指导，牢固树立以人民为中心的发展思想，坚决贯彻党中央、国务院决策

部署，认真履行劳动保障监察职责，攻坚克难、砥砺前行，以根治欠薪为重点，以健全法规政策为保障，以推进执法监察规范化标准化信息化为基础，创新执法监管方式，加大力度解决各类违法问题，切实维护劳动者合法权益，推动劳动保障监察事业迈出新步伐、实现新跨越，为促进经济发展和社会稳定做出积极贡献。

一是坚持系统治欠，更好巩固根治欠薪工作成果。进一步健全根治欠薪工作机制，完善《条例》配套政策措施，以贯彻落实《条例》为主线，凝聚各方力量系统治欠，切实落实农民工工资支付专用账户、实名制管理、委托总包代发等法定制度，从源头上预防新欠，打好欠薪隐患排查化解“主动仗”，最大限度将欠薪隐患解决在平时、解决在基层、解决在萌芽状态，彻底扭转年底集中清欠被动局面。

二是坚持分类施策，建设更加公正的监管体系。全面发力、多点突破，建立以“互联网+监管”和信用监管为基础、以“双随机、一公开”监管为手段、以重点监管为补充的新型监管机制。一方面以拖欠农民工工资失信联合惩戒对象名单管理制度为重点，完善劳动保障守法诚信监管体系，强化信用监管支撑作用。另一方面持续健全“双随机、一公开”监管相关配套制度，完善随机抽查事项清单，进一步营造公平竞争的法治环境。同时，积极推进建立协同机制，开展跨部门、跨区域联动执法，探索远程监管、移动监管，做到违法线索互联、监管信息互通、处理结果共享，实现对重点行业企业的协同联动监管，切实提升监管水平。

三是坚持便民高效，为群众提供更优质的执法维权服务。以适应新时代发展、不断满足人民群众新期待为出发点，坚持打造服务型监察执法机构，加强便民化监察执法服务建设。定期抽查根治欠薪线索反映平台线索办理情况，对重大劳动保障违法案件进行挂账督办，切实提高案件线索办理质量。加强劳动保障监察大数据平台建设，推动信息化手段与执法全过程的深度融合，实现执法程序网上流转、执法活动网上监督、执法决定实时推送、执法信息统一公示，建设符合数字经济时代特点的现代化劳动保障监察执法服务体系。

四是坚持能力提升，打造劳动保障监察精兵强将。

准确把握监察行政执法属性，加快推进监察执法体制改革，科学运用法治思维和法治方法，打造一支业务精湛、执法高效的劳动保障监察执法队伍。一方面进一步厘清劳动保障监察职责，合理配置机构职能、充实执法力量、配备执法装备，确保执法力量与执法事权相匹配，执法能力与执法任务相适应。另一方面进一步提升执法人员能力素质，有针对性地开展执法实务培训，科学设计培训内容和方式，切实增强执法办案人员业务能力和执法水平。同时，进一步强化监察作风建设，提高监察执法人员政治意识、责任意识、服务意识、廉政意识，树立劳动保障监察执法为民的良好社会形象。

（供稿单位：劳动保障监察局）

加强农民工服务保障工作

“十三五”时期，在以习近平同志为核心的党中央坚强领导下，各级人力资源社会保障部门主动担当作为，认真履职尽责，农民工工作取得显著成效。农民工就业规模持续增加，就业质量显著提高，收入水平日益提升，劳动权益保障更加有力，基本公共服务覆盖面逐步扩大，城镇落户人数不断增加，农民工获得感、幸福感、安全感不断增强。

一、“十三五”时期农民工工作主要成就

（一）农民工就业创业工作稳中有进

实施更加积极的就业政策，稳定和扩大农民工就业。出台《关于进一步做好新形势下就业创业工作的意见》等系列文件，各地各部门加大政策支持力度，优化就业环境，统筹城乡就业，全力做好促进就业工作，稳定和扩大农民工就业。强化就业服务，全面落实农民工在就业地平等享受就业服务政策，持续开展

线上春风行动、百日千万网络招聘等专项活动，及时发布岗位信息。截至2020年底，全国农民工总量2.86亿人，农民工月均收入达到4072元。拓宽农民工外出就业渠道，支持多渠道灵活就业，1900多万名农民工实现就地就近稳定就业。多渠道支持农民工返乡创业，推动农民工返乡入乡创业高质量发展。实施农民工职业技能提升计划，规模性开展农民工职业技能培训。加快发展农村新成长劳动力职业教育。全面落实农村新成长和贫困劳动力免费职业教育政策，努力实现未升入普通高中、普通高等院校的农村应届初高中毕业生都能接受职业教育。

（二）农民工劳动保障权益保障力度不断加大

农民工劳动用工管理进一步规范，工资支付保障长效机制基本建立。农民工参加城镇职工社会保险覆盖面持续扩大，实施全民参保计划，开展全民参保登记，促进和引导进城农民工在常住地参加城镇职工社会保险。推动农民工参加失业保险，阶段性扩大失业农民工失业保险保障范围。农民工维权渠道进一步畅通。建立协商、调解、仲裁、诉讼相互协调、有序衔接的多元处理机制，加大对涉及劳动报酬特别是集体劳动人事争议案件的执行力度。农民工法律援助和法律服务工作不断优化。

（三）农民工享受均等化公共服务水平逐步提高

农民工享受城镇基本公共服务均等化程度进一步提升，平等享受基本公共服务的配套政策日益完善。农民工随迁子女公办学校就读（含政府购买学位）比例在85.3%左右。农民工医疗卫生服务工作进一步加强。农民工居住条件逐步改善，绝大部分市县已将符合条件的农民工纳入公租房保障范围。农民工土地承包经营权、宅基地使用权和集体经济收益分配权得到有效保障。

（四）农民工社会融合程度不断提升

农民工依法享有民主政治权利得到保障。通过加强农民工党建工作，推动农民工享有城镇职工同等的参政、议政、晋升等基本权利，进一步保障农民工依法享有民主政治权利。加大各级公共文化机构免费开放力度，不断丰富面向农民工的公共文化供给。关心农民工工作、生活和思想状况，加强思想政治工作和科普宣传教育，引导农民工树立社会主义核心价值观。建立健全农村留守儿童、留守妇女和留守老人关爱服务体系。

二、农民工工作面临的主要问题

新冠肺炎疫情对中小企业发展造成影响，直接影响农民工群体就业；经济下行制约农民工就业创业；人工智能对低端操作性岗位的替代影响农民工就业；作为新就业形态主力军的农民工还面临着政策不完善、劳动关系界定复杂、保障不到位等实际问题；农民工整体技能不足，难以适应产业发展需要，也从根本上限制农民工就业质量提高和收入水平提高。

三、“十四五”时期农民工工作的政策思路

党的十九届五中全会、中央经济工作会议、中央农村工作会议都对农民工工作作出部署，明确要加快农业转移人口市民化，依法解决拖欠农民工工资问题，全面推进乡村振兴，加快发展乡村产业，推动城乡融合发展。这些都对农民工工作提出了明确要求，“十四五”时期，适应经济进入高质量发展新阶段的要求，在总结评估《国务院关于进一步做好为农民工服务工作的意见》落实情况基础上，坚持以人民为中心的发展思想，研究制定“十四五”时期农民工工作相关政策，推动农民工工作取得新进展。

一是持续提升农民工职业技能水平，促进多渠道就业创业。实施农民工素质提升工程，大规模开展农民工培训，不断提升农民工职业技能和综合素质。落实农民工与城镇职工平等就业制度，拓宽农村劳动力就地就近就业、外出就业和返乡创业渠道，加强农民工输入输出地劳务对接。

二是完善劳动权益保障制度体系，切实保障农民工劳动保障权益。健全农民工劳动权益保护机制，扩大农民工参加城镇职工社会保险覆盖范围，推进完善农民工参加失业保险政策，推动从根本上解决拖欠农民工工资问题。进一步健全最低工资评估机制，合理调整最低工资标准，充分发挥最低工资托底作用。

三是加快推动公共服务相关改革，进一步提升公共服务均等化水平。以在县域就业的农民工为重点，推动县域内率先实现基本公共服务均等化，推动跨县外出农民工平等享受基本公共服务。完善社会保险公共服务平台功能，优化社会保险关系转移接续经办流程，实现跨区域异地网上办理。

四是进一步促进农民工社会融合，营造全社会关爱农民工的良好氛围。进一步加大农民工基本文化权益保障力度，丰富公共文化服务和产品供给，组织面向农民工群体的社会主义核心价值观宣传教育活动，关注农民工思想，同时做好农村“三留守”人员关爱服务工作。

五是鼓励和引导更多农民工投身乡村振兴建设。发挥农民工在乡村振兴中的作用，鼓励和引导更多农民工投身农村产业发展，积极参与乡村治理，在农村基层公共事务和公益事业中充分发挥农民工作用。

（供稿单位：农民工工作司）

构建人社信息化发展新格局

《人力资源和社会保障事业发展“十四五”规划》对“十四五”时期人社信息化进行了部署，人社系统将加快数字化转型，构建人社信息化发展新格局。

一、“十三五”时期人社信息化取得的主要成就

“十三五”时期，各级人力资源社会保障部门紧紧围绕人社事业发展中心工作，以金保二期、“互联网+人社”行动、人社信息化便民服务创新提升行动等骨干工程为重点，全力推进信息化建设和应用，有力支撑了人社事业创新发展。

（一）全力保障人社各项改革任务和政策举措落实落地

一是在就业创业领域，助力破解妨碍劳动力、人才社会性流动的体制机制障碍，为实现比较充分和更高质量就业提供支撑。各地进一步建立健全了集中统一的就业管理服务信息系统，强化实名制管理，构建

了失业登记全国统一入口，建立了失业人员信息动态汇集机制。依托电子社会保障卡推出职业培训券，推动“机构找人”向“人选培训”转变，助力职业能力提升行动。

二是在社会保障领域，着眼建立更加公平更可持续的社会保障制度，全力提供信息化保障。社会保险信息系统普遍实现省级集中，构建失业金申领全国统一入口、社会保险关系转移、远程待遇资格认证等一系列全国性跨地区信息化平台，开辟顺畅便捷的社保线上服务通道渠道。

三是在人才人事领域和劳动关系领域，纳入金保二期的相关统一软件陆续开发完成进入推广阶段。全国统一的技工院校管理服务平台已上线运行，有力提升了技工院校管理服务水平。各地积极推进“智慧监察”，借助信息化健全农民工工资保障机制，多方发挥信息化成效。

（二）打造“一卡通”“一网通办”人社服务品牌

一是推进社会保障卡线上线下“一卡通”。截至2020年底，全国持卡人数13.35亿人，覆盖95%的人口，电子社会保障卡累计签发超过3.6亿张，上线40

余项全国服务和大批属地服务。社会保障卡线上线下“一卡通”应用向民生领域快速延伸，多个省份以社会保障卡为载体推进政府公共服务“一卡通”，在交通出行、旅游观光、文化体验等方面应用初见成效。国务院 7 部门联合发文加强惠民惠农补贴资金“一卡通”管理，在以社会保障卡为载体发放补贴资金上取得较为显著的应用成效。

二是推进全国人社服务“一网通办”。全力推进“互联网+人社”行动计划，落实“放管服”改革和系统行风建设要求，优化服务流程，创新服务模式，全面支持“人社服务快办行动”，有效助力“打包办”“提速办”“简便办”，网上办事已经成为占主导地位的经办服务模式。落实国务院“跨省通办”决策部署，积极推进全国人社政务服务平台、国家社会保险公共服务平台、全国社会保障卡服务平台等全国性线上服务平台建设，开通了 40 余项全国性服务，累计访问量达到数十亿人次，初步形成全国“一网通办”服务模式。推出“就业在线”平台，打通了求职登记、信息核验、招聘录用全流程，累计发布 600 余万个岗位信息。全国 12333 热线电话年均接听群众来电超过 1 亿次，综合接通率保持在80%以上，在宣传解读政策、沟通社情民意、化解社会矛盾等方面发挥了积极作用。

（三）夯实人社信息化数据基础和技术基础

一是探索建立数据治理体系。“十三五”期间，人社数据快速集中，多源碰撞，规模基本覆盖全量人口。建成部省两级社会保障卡持卡人员基础信息库，实现13.9亿人的“一数一源”信息、13亿张相片信息的集中汇集和动态更新，实现基础信息统一管理。人社大数据的应用价值愈发显现，在事前政策分析、事中数据核验、事后监测监管等方面，开展了失业补助金测算、重复领取待遇比对、人力资源流动监测与分析等多项应用。积极与教育、公安、民政、卫健、扶贫等20余个部门实现信息共享，支持精准扶贫、证明事项告知承诺制、优化营商环境等工作。

二是进一步增强信息化保障支撑能力。网络运行基础环境全面优化，完成部级电子政务网络建设和安全检测，完成部省业务专网广域网改造，提升了网络承载能力。信息安全体系全面加强，制定并印发了人社行业信息化领域密码应用实施方案、电子印章体系标准规范。建立健全行业网络安全监测预警机制，全行业安全漏洞整改完成率达到100%。积极参加各类网络安全活动，检验全行业网络安全事件应对能力，提高安全防护和应急响应处理能力。

二、“十四五”时期人社信息化工作思路

经过多年建设，人社信息化以核心业务应用软件开发为中心的阶段性建设目标已基本实现，将进入以提高韧性、增强灵活性、注重可扩展性为特征的新阶段。面对“十四五”时期新形势新要求，要准确把握“十四五”时期人社事业改革发展赋予信息化工作的新任务新使命，准确把握人民群众的新诉求新期盼，准确把握信息技术迅猛发展和数字化转型背景下人社信息化的新趋势新特征，坚守为民初心，以服务便民为宗旨，以数字化转型为驱动，紧紧围绕人社改革发展中心工作，构建以“一卡通”为立足点，以“大平台、大数据、大服务、大安全”为着力点的“一体四翼”发展格局。

一是以“一卡通”为抓手，引领数字化发展，推动社会赋能。到“十四五”末，社会保障卡持卡人数达到14亿人，其中电子社会保障卡覆盖2/3人口，实现地域、人群全覆盖。以人社“全业务用卡”为基础，推动政务服务、就医服务、城市服务线上线下“一卡通”，形成人社内外“一卡通”双循环、实体电子双促进的发展态势。在长三角等地区加快实施居民服务“一卡通”，持续提升便民服务能力，创新公共服务管理模式，助力“数字中国”建设。

二是以“大平台”为支撑，打牢数字化基础，夯实服务根基。推进人社系统基础软硬件支撑平台资源“云化”拓展，为人社业务持续发展提供方便易用的充足“算力”，构建全国互通、横纵协同的服务支撑体系。以省级集中业务系统为基础，着力打造一批全国集中的信息平台，优化经办管理服务体系，提升“一体化”经办管理服务能力，支撑综合柜员制改革和业务流程简化优化，推动人社治理效率变革跨越式发展。

三是以“大数据”为驱动，挖掘数字化潜能，创新工作模式。完善数字经办，推广数字服务，实施数字决策，强化数字监管，以数字化转型整体驱动人社经办、服务、决策、监管全链条变革。建立健全聚数、管数、用数工作机制，通过数字化手段实现各项业务充分共享、高效协同和融合发展，在人社各业务领域普遍开展数据深度利用，通过大数据技术主动感知群众业务需求，在更大范围内实现“秒批”“秒办”“免申即办”的业务模式，推动人社服务从“人找服务”向“服务找人”的转变。

四是以“大服务”为目标，应用数字化成果，提升服务效能。推进线上线下多渠道融合，行业服务和社会赋能相结合，传统服务和智能服务相结合，持续增强人社服务的便利性、可及性，形成以精准服务、智能服务、主动服务为特征的人社政务服务新格局。站在群众视角体验服务成效，确保各项服务群众能知悉、功能会使用、疑问可咨询、问题有反馈，持续提升人社服务群众满意度，让社会保障卡、12333 等人社公共服务品牌更加深入人心。

五是以“大安全”为保障，做好数字化防护，筑牢防控围墙。以总体国家安全观为遵循，坚持积极防御、综合防护的原则，强化网络安全顶层设计和统筹协调，统筹数据开发利用、隐私保护和数据安全，把安全要求贯穿到系统和数据的全生命周期，构建适应数字化时代的网络安全防护体系。

《人力资源和社会保障事业发展“十四五”规划》

在各相关章节提出的信息化具体建设内容，是“一体四翼”发展思想在规划层面的具体阐述。人社系统将以此为遵循，大力推进人社数字化转型，打造人民满意的人社服务。

（供稿单位：信息中心）

加强人力资源和社会保障系统行风建设

加强行风建设，是人社系统贯彻以人民为中心的发展思想，落实党中央、国务院关于深化“放管服”改革优化营商环境的重要举措，事关企业群众的根本利益，必须持续抓紧、抓实、抓好。人力资源社会保障部将加强系统行风建设作为人社事业发展的战略支点，推动各项工作的重要载体，破解一系列重大问题的一把金钥匙，调动全系统之力，以“正行风、树新风，打造群众满意的人社服务”为总体要求，全面加强系统行风建设。

一、“十三五”时期人社系统行风建设工作取得的成效

从国家统计局社情民意调查中心第三方调查情况看，行风建设满意度连续三年较大幅度上升，2020 年达到 80.02 分，到达比较满意区间。

（一）规范事项清单

按照职权法定原则，梳理审批服务事项，率先在国务院部门中出台了业务全口径、辐射全系统，涵盖人社领域42个主项、178个子项的行政审批和公共服务事项清单，31个省份和新疆兵团均已制定公布本省事项清单和办事指南，为企业和群众办事创业提供清晰指引。

（二）增强服务效能

针对企业群众反映的跑腿次数多、办结时限长、办事程序繁等问题，开展“人社服务快办行动”，推进多事合一“打包办”、压缩时限“提速办”、精简材料“简便办”，全面实施告知承诺制，提升企业群众对人社服务的满意度。在31个省份和新疆兵团确定162个部联系点，采取点面结合、以点带面方式，推进快办行动落实。截至2020年底，162个联系点均已实施“一件事”打包办，全面完成了10个以上高频服务事项提速办的目标。

（三）提升服务能力

常态化开展人社系统业务技能练兵比武活动，组织全系统干部职工特别是窗口单位工作人员参加“日日学、周周练、月月比”线上大练兵和多种形式的技能比武，以比促练、以练促用，打造专业化经办队伍，营造学政策、钻业务、强技能、优服务的良好氛围。印发加强人社系统窗口单位经办队伍建设文件，将窗口队伍能力提升制度化、长效化。实施人社信息化便民服务创新提升行动，推进人社业务“一网通办”，推广应用社会保障卡，开展跨部门、跨层级数据共享，为人社服务赋能。

（四）开展服务评价

在人社系统全面开展人社政务服务“好差评”工作，推动实现服务事项全覆盖、评价对象全覆盖、服务渠道全覆盖，对群众反映的“差评”事项逐一核查、整改。将人社政务服务好评率作为人社事业发展年度计划指标，推动各级人社窗口单位强化服务意识和水平。制定印发差评核查整改工作流程，确保差评件件有整改、实名差评件件有反馈。

（五）抓实问题整改

健全发现问题机制，畅通问题反馈渠道，努力疏通为民服务中的痛点堵点。充分发挥行风建设投诉举报专区、窗口暗访、舆情监测等渠道作用，及时核查问题线索和意见建议。实名通报负面典型案例，发挥警示教育作用。对人社窗口单位开展常态化调研暗访，更好破解企业群众办事堵点痛点难点问题。在全系统组织开展人社“厅局长走流程”活动，摸情况、查堵点、听需求、提建议、抓整改，推动解决政策制定“最先一公里”和政策落实“最后一公里”问题。

（六）强化宣传引领

选树百名人社服务标兵，开展“人社服务标兵”主题宣传，组织“永远跟党走　为民办实事——人社服务标兵万里行”等活动，举办“人社服务为人民”中外记者见面会，充分传递人社为民服务情怀和正能量，树立人社服务良好形象。在部属报刊开设行风建设专版，编制《行风建设制度汇编》和行风建设专刊，及时宣传报道各地行风建设经验做法和创新举措。开展人社政策待遇“看得懂、算得清”工作，发布近百篇政策解读，受到了社会各界和新闻媒体的关注好评。

二、人社系统行风建设工作面临的形势与挑战

当前，人社系统行风建设工作中仍存在一些问题和短板。一是在服务理念上。还存在落差和温差，特别是主动服务意识不足，对行风建设工作长期性认识不到位。二是在政策落实上。个别领域存在“最先一公里”不接地气。还有“中梗阻”“最后一公里”没打通现象。主责意识不强，个别单位和地方仍简单认为行风建设是窗口的事情。三是在服务能力上。线上服务供给与需求之间矛盾愈发凸显，加强信息化对精细化管理和便捷化服务的要求越来越高。一些地区基层一线人员力量配备不足问题依然存在。行风建设犹如逆水行舟，不进则退，须绵绵用力、久久为功。

三、“十四五”时期人社系统行风建设工作的主要任务

“十四五”时期是我国开启全面建设社会主义现代化国家新征程、向第二个百年奋斗目标进军的第一个五年，也是人社服务提质增效的关键阶段。人力资源社会保障部将深入贯彻习近平新时代中国特色社会主义思想，始终坚持以人民为中心，认真落实中央推进国家治理体系和治理能力现代化，深化“放管服”改革优化营商环境等系列要求，深入实施人社系统行风建设提升行动：坚持目标引领，以更快更好服务企业和群众为导向，不断开创行风建设新局面；坚持问题导向，聚焦群众“急难愁盼”等反映强烈的难题，抓

好政策制定“最先一公里”、提供服务“最后一公里”和政策执行“中梗阻”等方面突出问题检视和整改落实；坚持标本兼治，着眼人社服务事项全流程，推动服务理念、制度、作风全方位深层次变革；坚持责任担当，强化责任意识，把行风建设责任落到实处，系统上下联动、同向发力、合力攻坚，不断优化人社服务效能，打造人社服务品牌，显著提升人民群众获得感、幸福感、安全感。主要包括：

（一）厚植系统行风文化

加强行风文化建设，使优良行风成为人社系统的文化基因，把行风建设融入人社工作各环节、全过程，将“为民服务解难题”作为全系统干部职工的价值追求。继续开展“人社服务标兵”“练兵比武优秀选手”等人社服务典型主题宣传活动，使“正行风、树新风，打造群众满意的人社服务”成为人社干部职工共同价值追求。

（二）完善机制制度体系

健全完善行风建设工作机制，构建简约高效的人社服务制度体系。丰富完善窗口单位制度内涵，大力推行“综合柜员制”，健全完善“黑名单”制度和负面案例通报制度，建立人社公共服务事中事后监管制度和服务规范承诺制度。建立行风建设常态化问题发现、整改工作机制。持续开展人社领域政策待遇“看得懂、算得清”。

（三）持续推进“清减压”

着力破解企业群众反映的就业、创业、人才、社保服务等痛点难点问题。动态调整行政审批公共服务事项清单，及时取消不符合“放管服”改革要求的事项，持续简化服务流程，大力压缩办事时限，为服务对象提供清晰办事指引。大力推进“减证便民”，全面实施证明事项告知承诺制，探索建立证明材料正面清单制度。

（四）全面提升服务效能

深入实施“人社服务快办行动”，“十四五”期间，推动实现人社服务打包办、提速办、简便办、跨省办、就近办、一卡办、上门办，探索推进免申即办，不断优化对老年人等特殊群体服务。常态化开展人社窗口单位业务技能练兵比武，探索灵活多样的练兵比武形式，大力培树“人社知识通”。持续深入推进人社政务服务“好差评”，主动接受群众监督。健全人社公共服务标准体系和规范，努力实现所有事项都有标准规范。大力推进信息化建设。加快推进“互联网+政务服务”。深入实施信息化便民服务创新提升行动，推动人社系统“全数据共享、全服务上网、全业务用卡”，全面提升人社信息化创新应用水平。

（五）强化常态化监督

常态化开展人社窗口单位调研暗访和“厅局长走流程”，突出针对性、实效性，以下观上持续查摆人社领域政策制定“最先一公里”存在的突出问题，打通“中梗阻”，畅通服务经办“最后一公里”。畅通行风建设投诉渠道，及时受理群众反映问题。加强警示教育，及时通报行风建设负面案例。

（供稿单位：行风办）

巩固拓展人社脱贫攻坚成果推进乡村振兴

“十三五”以来，各级人力资源社会保障部门坚决扛起政治责任，勇于担当、迎难而上，圆满完成人社扶贫各项任务，为打赢脱贫攻坚战做出了积极贡献。

一、“十三五”时期人社脱贫主要工作情况及成就

（一）实施就业扶贫，务工就业成为贫困家庭主要收入来源

一是健全就业扶贫政策体系。出台《关于进一步加大就业扶贫政策支持力度着力提高劳务组织化程度的通知》《关于做好易地扶贫搬迁就业帮扶工作的通知》等政策文件，综合运用财政补贴、税费减免、金融支持等政策工具，为促进贫困劳动力就业提供了有力支撑。二是建立健全东西部劳务协作机制，积极应对新冠肺炎疫情影响，通过组织专车专列包机等多种方式，建立“点对点”返岗复工协作机制。支持建设

就业扶贫车间、社区工厂、卫星工厂等就业扶贫载体，大力推进农民工返乡创业，对贫困劳动力开发乡村公益性岗位托底安置，发挥就业保障作用。三是加强对“三区三州”实施中央就业补助资金针对性下达，要求东部协作省市、对口支援省市在项目、资源、资金和劳务输出上对52个挂牌督战县倾斜支持。强化易地扶贫搬迁就业帮扶，在大型安置区设立就业创业服务站点，针对性加强岗位投放、有组织劳务输出和公益性岗位开发。

（二）实施技能扶贫，有效提升劳动者就业创业能力

一是加大政策支持力度。对贫困劳动力免费培训并给予培训生活费、交通费补贴；对贫困家庭学生就读技工院校落实助学金和免学费等政策，优先招生、优先选择专业、优先安排实习、优先推荐就业；同时加强对培训机构、各类生产经营主体的政策支持。二是大力开展贫困劳动力职业技能培训。实施农民工职业技能提升计划“春潮行动”“返乡农民工创业培训计划”“互联网+职业技能培训计划”等，组织百日免费线上技能培训行动。三是支持深度贫困地区技工教育发展，面向贫困地区、贫困劳动力开展职业技能大赛。举办“三区三州”职业技能大赛和全国扶贫职业技能大赛。

（三）实施社保扶贫，确保贫困人口实现应保尽保

一是完善贫困人员参加城乡居民基本养老保险政策。会同有关部门印发《关于切实做好社会保险扶贫工作的意见》，对建档立卡未标注脱贫的贫困人口等困难群体，由地方人民政府为其代缴部分或全部最低标准城乡居民基本养老保险费，并在提高最低缴费档次时，对其保留现行最低缴费档次。将年满60周岁、未领取基本养老保险待遇的贫困人员纳入城乡居民基本养老保险制度，并按月发放待遇。二是推动贫困人口基本养老保险全覆盖。推进贫困人口基本养老保险应保尽保，实现未参保贫困人员“动态清零”。三是防范因工伤、失业致贫返贫。大力推进工程建设领域农民工和贫困劳动力按项目参加工伤保险。针对深度贫困地区，将失业保险金标准提高至当地最低工资标准的90%，将稳岗返还标准提高到上年度实际缴纳失业保险费总额的60%。

（四）实施人才人事扶贫，建强贫困地区人才队伍

一是明确“三区三州”等深度贫困地区基层事业单位公开招聘倾斜政策。二是加大深度贫困地区待遇、职称评审和岗位聘用倾斜支持力度。实行乡镇工作补

贴，并向条件艰苦的偏远乡镇和长期在乡镇事业单位工作的人员倾斜。三是积极引导人才向贫困地区流动。支持有关地区和部门开展扶贫开发、乡村振兴相关主题高级研修项目。遴选实施各类示范性专家服务团。实施“三支一扶”计划，选派高校毕业生到基层从事支教、支农、支医和扶贫等服务。

（五）实施定点扶贫，突出特色促进两县脱贫摘帽

组织“一对一”帮扶对子，开展党建帮扶活动。举办村党支部书记培训班 7 期，培训贫困村党支部书记和致富带头人 600 人。在天镇县援建 110 家爱心扶贫超市，在金寨县建成 174 家“正威振风”超市。在大型易地扶贫搬迁安置点投资 1000 万元建成天镇县人社扶贫技能培训基地，推动“天镇保姆”品牌知名度进一步扩大。协调开展“昆山百家企业进金寨”投资考察等活动。支持金寨打造高标准扶贫示范茶园，扩大天镇红芸豆、优质黄芪等种植规模。

经过不懈的努力，2016 年至 2020 年，全国务工贫困劳动力由 1527 万人增长到 3243.4 万人，超额完成了“通过转移就业解决 1000 万人脱贫”的目标任务。2016 年以来，累计开展贫困劳动力培训约 1000 万人

次，全国技工院校累计招收贫困家庭子女36万人。2017年至2020年，共为1.19亿人次贫困人员代缴城乡居民基本养老保险费129亿元，2020年底6098万建档立卡贫困人口参加了基本养老保险，参保率自2019年9月以来一直保持在99.99%以上，3014万贫困老人享受城乡居民基本养老保险待遇，其中建档立卡贫困人口1735万人。2016年以来，近4万人通过职称“定向评价”取得高级职称，共设置1.1万个“定向使用”专业技术高级岗位，支持有关地区和部门开展扶贫开发、乡村振兴相关主题高级研修项目约160期，遴选实施400多期专家助力脱贫攻坚示范服务团，“三支一扶”计划共选派高校毕业生15.5万人。

二、“十四五”时期巩固拓展人社脱贫攻坚成果推进乡村振兴重点举措

全国脱贫攻坚总结表彰大会后，人力资源社会保障部党组深入学习贯彻习近平总书记重要讲话指示批示精神和党中央、国务院决策部署，进一步健全完善帮扶机制，提出了“一个不变、两个强化”、统筹推进各项工作的总体思路。会同国家乡村振兴局制定出台《关于切实加强就业帮扶巩固拓展脱贫攻坚成果助力乡

村振兴的指导意见》，聚焦国家乡村振兴重点帮扶县，扎实推进就业帮扶、技能帮扶、社保帮扶、人才帮扶和定点帮扶各项工作。

针对当前面临脱贫人口刚刚脱贫，不少群众技能水平偏低，就业稳定性不强，存在返贫风险，一些低收入边缘群体还存在致贫风险等困难和问题，“十四五”时期将重点做好以下工作：

一是强化就业帮扶。着力稳定外出务工规模，不断健全劳务协作机制强化有组织输出，大力培树劳务品牌提高输出质量。着力拓宽就地就近就业渠道，支持产业发展带动就业，发展就业扶贫车间等载体吸纳就业，鼓励返乡入乡创业，扶持多渠道灵活就业，用好乡村公益性岗位兜底就业。着力加大对重点帮扶县的项目、资源倾斜支持，积极引进适合当地群众就业需求的劳动密集型、生态友好型项目或企业，扩大当地就业机会。把就业服务功能作为村级综合服务设施建设工程重要内容，推进公共就业服务向乡村地区延伸，组织专项就业服务活动实施集中帮扶。

二是强化技能帮扶。增强职业技能教育和培训资源供给，实施乡村振兴重点帮扶地区职业技能提升工程。建设一批高技能人才培训基地，逐步实现每个具备条件的县建立一所技工学校。建设一批技能大师工作室，发挥其带徒传技、技能攻关、非遗传承等作用，培育服务乡村振兴的能工巧匠。培育一批劳务技能品牌，立足社会需求和本地优势，努力打造“一县一品”。举办全国乡村振兴职业技能大赛。

三是强化人才帮扶。引导人才服务乡村振兴，加大对本地人才支持力度，支持在县以下基层开展职称评聘“定向评价、定向使用”，落实完善工资待遇倾斜政策，适当放宽事业单位招聘条件。继续实施高校毕业生“三支一扶”计划招募计划向重点帮扶县倾斜。建立城市医生、教师及科技、文化等人才定期服务乡村制度，将重点帮扶县作为重点服务对象。

四是强化社保帮扶。完善城乡居民基本养老保险帮扶政策，对缴费困难群体缴纳城乡居民基本养老保险费实行应代尽代，巩固基本养老保险应保尽保工作成果。优化社保经办服务，确保待遇发放。积极发挥失业保险、工伤保险作用，防止因失业、工伤致贫返贫，兜牢基本生活底线。

（供稿单位：农民工工作司）

专家观点

扩大就业容量　提高就业质量

——访中央党校社会和生态文明教研部副主任赖德胜

优先发展吸纳就业能力强的行业产业

记者：《人力资源和社会保障事业发展“十四五”规划》（以下简称《规划》）提出优先发展吸纳就业能力强的行业产业，支持劳动密集型企业发展。这与我国的经济结构转型升级是否存在冲突？该如何正确地看待这一问题？

赖德胜：总体来说，二者并不存在根本冲突。随着我国的经济结构转型升级，一些劳动力暂时不能完全适应新的产业结构和技术变化，一定程度会导致就业的结构性矛盾。但是，由于我国的经济体量很大，国民经济体系健全，产业链条很长，而且东部、中部、西部之间产业分布差异较大，同一个区域内部的差异也很大，形成了一个多层次、多类型产业结构并存的格局。我们既有资本和知识密集型的高精尖产业，也有劳动密集型产业。因此，需要各种类型、拥有各种技能的劳动者。

另外，经济结构转型升级是要进行供给侧结构性改革，促进供给与需求的更高层次的动态平衡。为了更好满足人民群众对美好生活的需要，尤其是个性化、高品质的需要，产业结构转型升级也可能需要不断增加劳动力，而不仅仅是去劳动力。

促进青年就业，拓展社区就业空间

记者：《规划》提出把高校毕业生等青年就业作为重中之重，要实施青年就业创业促进计划。为什么要高度重视青年就业？做好这项工作需要注意什么？

赖德胜：青年是国家的未来，是祖国的希望所在。平均来说，青年有比较高的受教育程度，是宝贵的人力资源。但与此同时，失业率也相对较高，尤其是16~24岁青年人的失业问题较为严重。解决好青年就业，对支撑高质量发展，对稳定就业大局关系重大，因此要高度重视青年就业工作。

我国已经出台了很多专门针对青年特别是高校毕业生就业的政策，要继续坚持和完善。同时，要改进我们的教育，比如进一步优化专业设置，提升普通高等教育和职业教育的质量，提升青年人的就业创业能力，适应劳动力市场的需要。此外，还要为青年人创造更多有吸引力的就业岗位，深化劳动力市场制度改革，增进流动性。引导青年人转变就业观念，鼓励青年人去基层、去农村就业，统筹实施“三支一扶”计划等基层服务项目，为青年人提供干事创业的机会和舞台。对于因特殊原因导致就业困难的青年，还要从政策方面给予特定帮扶。

记者：《规划》提出建设一批国家级充分就业社区，这在人社事业发展“十三五”规划中是没有的。您认为，这次提出这一举措是基于怎样的考虑？

赖德胜：建设充分就业社区的确是第一次在国家规划中提出，但是这项工作人社部早在 2010 年就开始全面推动，至今已认定了近 500 家国家级充分就业社区，各地也建设了一批省市级的充分就业社区。

我认为提出建设一批国家级充分就业社区至少有

两个原因：第一，社区在促进经济社会发展和推进国家治理体系和治理能力现代化过程中发挥着越来越重要的作用，社区发展本身会创造很多就业岗位，成为拓展就业的渠道。比如国家“十四五”规划明确提出要构建居家社区机构相协调、医养健康紧密结合的养老服务体系，居家养老和社区养老将得到进一步发展，这意味着大量养老护理等岗位将出现。第二，由于社区的特殊作用，社区为一些就业困难群体提供了比较便捷的就业机会。在人口老龄化和鼓励生育三孩的政策背景下，社区工作岗位就为那些既要工作又要照顾老人和小孩的人，提供了很好的兼顾家庭和事业的机会。同时，社区也能为残疾人等特殊就业群体提供相对便捷的就业机会。

十多年的实践证明，建设一批国家级充分就业社区在促进就业方面发挥了重要作用，真正做到就业政策和服务一竿子插到底，为当地进一步提高就业服务管理水平，促进更加充分更高质量就业，起到了示范带头作用。这次在人社事业发展“十四五”规划中提到建设一批国家级充分就业社区，目的是让更多的社区参与其中，从而达到全社会实现更加充分就业的目标。

扶持创新创业，创建创业型城市

记者：创业带动就业具有“倍增效应”。《规划》对鼓励扶持创新创业的部署侧重哪些方面？《规划》提出开展创业型城市创建工作，这对就业创业有什么影响？

赖德胜：我国一直很重视通过创业带动就业。《规划》对鼓励扶持创新创业的部署侧重以下几个方面：一是持续深化“放管服”改革，对新产业新业态实施包容审慎监管，进一步优化营商环境。二是建立健全创业带动就业扶持长效机制，加大初创实体支持力度，支持农民工等人员返乡入乡创业，提供场地支持、租金减免、创业补贴、创业担保贷款及贴息等政策扶持。三是支持建设一批高质量创业孵化示范基地等创业载体和创业园区，提升线上线下创业服务能力，打造集创业培训、创业实践、咨询指导、跟踪帮扶于一体的创业服务体系。四是开展创业型城市创建工作。组织各级各类创业推进和指导活动，培育构建区域性、综合性创业生态系统。五是提升创业能力，特别是要重点做好高校毕业生的创业工作。

我认为，提出开展创业型城市创建工作，有利于营造总体创业环境，包括政策扶持集成、良好的基础设施、形成集聚性的创业高地，发挥示范效应。同时，各城市在产业基础、文化基础等方面存在差异，创业型城市也是各具特色，有利于形成多元化创业格局。从创业型城市建设工作来看，在建设过程中，可能会遇到一些现实问题，这些问题反过来又能促使当地进一步改革，进一步完善、优化创业的政策措施和相关服务。各个创业型城市做好相关创业服务也有利于提升整个国家创业政策的供给，完善创业政策体系。可以说，二者起到相互促进的作用。

适应产业变革，提升劳动者就业创业能力

记者：《规划》提出持续开展职业技能提升行动，全面提升劳动者就业创业能力。近年来，新一轮科技革命和产业变革深入发展，新业态蓬勃发展，提升劳动者就业创业能力需要重点从哪些领域入手？

赖德胜：劳动者就业能力提升是应对科技革命和产业革命对就业影响的最有效途径。《规划》为此提出要开展职业技能提升行动，提升劳动者就业创业能力。

有五个重点领域：一是先进制造业产业工人技能培

训。劳动者以前只要从事工厂流水线的一个生产环节，但现在可能需要负责整体车间的生产运营、机器运维，工人的技能需要紧跟着升级。二是开展新业态新模式从业人员职业技能培训。新业态已经成为一个非常重要的就业渠道，新业态从业者还有很多技能要提升，这既有赖于政府的政策支持，也有赖于平台企业加强对从业人员的技能培训。三是开展新职业培训，特别是加强数字经济领域的人才培养，探索引入现代化手段和方式开展数字技能职业培训。现在各行各业的数字化进程加快，数字技术与传统产业高度融合，需要劳动者掌握多项技能。四是依托企业开展岗位技能提升培训。企业要充分利用好职工教育经费和政府的各项培训补贴，开展各种培训，提升劳动者的技能素质，以满足岗位的现实需要。五是加强残疾人等特殊群体的职业技能培训，做好培训鉴定评价服务。目前全国有残疾人8500多万人，这一群体的就业状况相对特殊，如何加强该群体的技能培训，促进他们就业创业，是接下来要做好的工作。

发挥政企力量，推动城乡就业创业服务一体化

记者：《规划》提出推动城乡劳动者在就业地平等

享受就业服务。当前造成享受就业服务机会不均等的原因是什么？表现在哪些方面？

赖德胜：就业服务包括两方面，一个是公共就业服务，一个是市场化就业服务。造成城乡就业服务机会不均等的原因有很多，既有体制机制问题，比如户籍制度，也有发展问题，比如城市的产业体系比较健全、市场主体多、就业需求较大。

城乡就业服务的差距表现在以下几个方面：就公共就业服务来说，城乡之间在基础设施、人员配备、经费支持、登记求职、就业指导等方面存在较大差距；就市场化就业服务来说，就业服务机构、服务渠道、就业信息的及时性、就业服务质量、职业培训等，城乡之间仍有较大差距。

随着乡村振兴战略的实施，乡村的发展空间增大，乡村的就业机会比以前更多，很多农民不一定非要去城市工作，可以就近就地就业，还有一些城市居民，厌倦了城市的生活方式，也可能去乡村就业创业，就业服务的需求将会增加，政府和市场的服务供给也会增加。此外，以人为本的新型城镇化也在不断推进，城市基本公共服务惠及越来越多的农民工群体，不少农民工成为城市新市民，享受相应的就业服务。随着城乡一体化进程加快，城乡就业服务体系也将更加一体化和平等化。

记者：《规划》提出推进公共就业服务机构与社会民营机构合作。未来可以在哪些领域和场景下进行合作？

赖德胜：公共就业服务机构与经营性就业服务机构合作是大势所趋。公共就业服务一般是基础性和帮扶性的，是免费的，对提高市场透明度、保护市场竞争中的弱势群体非常重要。但目前公共就业服务尚不能满足市场多层次、多元化的需求，需要发挥经营性就业服务机构的作用，形成多元化服务供给。但一些重要的信息和数据，比如说失业率的公布，只能由政府部门来提供，经营性就业服务机构的权威性不够，可能误导群众求职就业。因此，我认为未来公共就业服务机构与经营性就业服务机构，应该实现公平与效率的更好结合、普惠性服务与个性化服务的更好结合。

（本文原载于 2021 年 7 月 17 日《中国劳动保障报》，记者杨勤）

跨界融合与科技赋能促发展

——北京大学人力资源开发与管理研究中心主任萧鸣政谈人力资源服务业未来趋势

现状——服务专业性加强　技术工具创新化

记者：《人力资源和社会保障事业发展“十四五”规划》（以下简称《规划》）提出，深入实施人力资源服务业高质量发展行动，加快建设统一规范、竞争有序的人力资源市场，推动人力资源服务创新发展。当前，我国人力资源服务业的总体情况如何？呈现出哪些发展趋势？

萧鸣政：近年来，与人力资源服务业发展密切相关的经济环境、技术、政策和人口等要素正在发生一系列变革，这些变革都将或正在对人力资源服务业的业态与技术创新产生深远影响。其中，以下趋势值得关注：

第一，服务专业性加强。随着资本、技术力量越来越多地进入人力资源服务业，人力资源服务从简单的“中介”服务逐步向“专业”服务发展，再转型成为互联网和智能技术组合的“专业+技术”服务，当前又出现跨界融合的“类金融”服务等，人力资源服务业呈现出丰富多彩的发展趋势。

第二，技术工具创新化。随着高端智能技术的深入应用，人力资源服务业可以通过人工智能、大数据等技术对客户需求等信息进行分析研判，为客户提供个性化的产品和服务。

第三，用工形态灵活化。目前，人力资源服务从硬性用工向柔性用工形态发展。随着“灵活用工”和“社会化用工”的广泛应用，加之“零工经济”“共享经济”的出现、新人口政策的实施、企业订单的不确定性增加，“临时性、替代性”工作安排需求增加，用工方式呈现多元化发展态势，这些都对人力资源服务方式提出了更灵活多样的要求。特别是在经济增速放缓压力下，灵活用工业务将持续走强。

成果——服务业态不断丰富　细分化程度不断加深

记者： 近年来，我国人力资源服务业出现了哪些新的服务模式？

萧鸣政： 近年来，我国人力资源服务业态逐渐创新和丰富，服务内容从传统的职业介绍、职业培训、流动人员档案管理、劳务派遣等业务，拓展到网络/移动互联网招聘服务、人力资源培训、人才测评服务、高级人才寻访（猎头）服务、人力资源外包服务、人力资源管理咨询、人力资源软件服务等。

当前，我国人力资源服务业态的细分化程度日益加深，具体表现为两个维度：一方面是基于某一服务点位的垂直细分，比如招聘服务板块，细分为面向高校毕业生、博士、物流与电商领域人才以及文化创意产业人才等的专业化服务平台。另一方面是基于上下游配套的服务环节细分，比如从招聘、猎头中细分出来的背景调查服务。无论是纵向垂直细分还是横向的流程细分，都给人力资源服务行业带来了新的增长点，助推了市场扩容。

人力资源服务业的跨界融合也卓有成效。人力资源服务与金融保险、科技交流、财务管理、法律服务、健康服务、交通出行等领域业务的合作都取得了丰硕的成果。伴随人力资源服务业的快速发展，人力资源管理软件行业在产品、服务模式上不断创新，涌现出SaaS（software as a service，软件即服务）、PaaS（平台即服务）等服务模式。

从未来人力资源服务业及产业链发展趋势看，跨界融合将是重要趋势。在生产和生活性服务业大范畴内寻找跨界机会，将是其开展“互联网+”布局的重要战略思考。

记者：《规划》提出，“推动人力资源服务和互联网深度融合”。当前，我国人力资源服务业在与互联网融合方面有哪些新成果？

萧鸣政：近年来，科技为人力资源服务业带来了新动能。

随着智能薪酬服务的算法不断成熟，基于人工智能、云计算、移动互联网技术实现在线服务交付的人力资源智能服务平台逐渐成为现实。

从长远来看，基于大数据挖掘的增值服务将成为行业的新增长点。在“互联网+”时代，人力资源服务企业的盈利模式也将发生改变，以云计算为核心的人力资源 SaaS 和大数据分析将成为人力资源服务行业的发展趋势，数据库优势以及挖掘数据价值的能力将成为影响企业盈利能力的重要因素。

目前，无论是互联网人力资源服务企业还是传统人力资源服务机构，都越来越强调自己的科技属性。以招聘为例，移动终端、大数据的运用，已经催生出了微信招聘、视频招聘、社区招聘等多种模式。大数据技术的应用，使得智联招聘、诺姆四达、北京外企人力资源服务公司等企业数据库动辄达到拥有上千万人信息的规模。

另外，包括人力资源服务业在内的服务行业在数字化转型进程中，5G 技术将发挥重要作用。自 2019 年正式商用以来，中国 5G 部署不断提速，将能为大数据中心、人工智能、工业互联网等其他基础设施提供重要的网络支撑，能够促进数字科技快速为各行各业赋能，为未来人力资源服务业发展提供重要支撑。

2020 年以来，由于疫情原因，虚拟课堂、远程会议等需求骤升，腾讯会议、钉钉、微信等新软件、新平台迅速抢滩。这些软件也间接地服务于人力资源服务业的各个领域和环节，发挥了积极作用。

问题——区域发展不平衡 供给质量仍不高

记者：目前，人力资源服务业还存在哪些影响行业发展的问题？

萧鸣政：目前，多层次、多元化的人力资源服务体系初步形成，但对标党的十九大提出的在人力资本服务等领域培育新增长点、形成新动能的要求，当前我国人力资源服务业仍有较大差距，行业整体发展水平不高。

第一，区域发展不平衡。我国经济呈现发展水平不平衡的客观情况，受此影响，人力资源服务业发展水平也呈现出从东部向中部和西部及东北部地区依次下降的阶梯式状态。

具体来讲，北上广深等重点城市和其他沿海省市的人力资源服务业蓬勃发展，新兴业态也快速发展，与互联网、金融、保险等产业的跨界融合开始出现，而在东北地区和中西部地区，人力资源服务业发展则相对滞后，以传统用工服务为主，发展水平存在明显差距。

第二，供给质量不高。当前，我国人力资源服务机构虽然数量较多，但规模普遍偏小，且分布较为分散，总体上仍处于粗放式发展阶段。在产业结构上，也是劳务派遣等传统服务多，而运用新技术、新方法提供中高端服务和一揽子解决方案、满足个性化需求的企业较少。尤其是部分从业人员缺乏相应的专业知识技能，能力水平和服务质量参差不齐。

第三，信息技术建设滞后。目前，各省（区、市）人力资源市场的信息化建设普遍处于“单兵作战”的状态，信息不联通。除此之外，众多中小型人力资源服务企业受限于资金成本，不具备加强信息化建设的能力，在运用新一代信息技术提升服务质量方面存在不足。

建议——因地制宜确保施策效果
完善行业人才培养机制

记者：“十四五”期间，对于改进人力资源服务业外部发展环境，促进行业内部的技术创新与业态创新，提升行业整体发展水平，您有哪些意见建议呢？

萧鸣政：第一，加大各级政府政策扶持力度，助力人力资源服务业发展。

此次《规划》提出，深入实施人力资源服务业高质量发展行动，包括人力资源市场建设计划、骨干企业培育计划、产业园区建设计划、“一带一路”人力资源服务行动、促进就业创业行动，进一步明确了发展方向。

国家政策推动产业发展的力量是巨大的，应当加强顶层设计，优化产业政策。国家应该针对不同地区的人力资源服务业制定相应的产业政策，促进其在全国范围内健康发展。在未来，要加快《人力资源市场条例》出台的步伐，加强对人力资源服务机构日常经营行为的检查和监督，通过诚信体系建设、品牌建设等引导企业诚信经营、规范发展。

第二，建立人力资源服务业创新发展的复合型人才培养机制，其核心是构建理论实践相结合的培训机制。

首先，人力资源管理学科要创建人力资源服务专业，构建理论和实践技能相融合的培养模式；构建产学研教学模式，增设人力资源服务的实务类课程，培养学生的实践技能，推进人力资源服务业创新发展的复合型人才培养机制。其次，加强行业培训。不仅要充分做好行业服务标准的制定和解读，还要充分发挥行业协会在行业自律、行业协调等方面的功能，以学术论坛、技能大赛等形式促进行业经验的交流。

第三，利用大数据和“互联网+”技术，加强行业数据库建设。

目前，智能化人力资源服务正在兴起，一些互联网背景的人力资源服务公司，依托人才大数据库，做到智能化人岗匹配。然而，谙熟大数据和“互联网+”技术的现代人力资源服务机构并不多。大部分企业停留在人工技术操作层面。吸收IT精英加盟人力资源服务业是突破行业发展瓶颈的途径之一。

此外，人力资源服务行业还存在数据统计不完善的问题。目前关于人力资源服务业的相关研究中，最大困难在于统计数据严重不足，仅有的统计数据还存在各省间统计口径差异的问题。建议将人力资源服务业作为现代服务业中一个独立的门类，纳入国民经济统计的范畴，定期公布相关统计数据。

第四，搭建创新创业平台，推进新技术新业态。

应该通过研发成本税前扣除等政策，鼓励企业进行技术研发和应用，推动整个行业的技术进步和管理创新，从要素驱动转变为创新驱动。

此外，推进契合人力资源服务业发展需要的新技术，尤其是公正性透明化技术、精准性规范化技术、共享性交互化技术、多样性规模化技术、快速性智能化技术、动态性即时化技术等。此外，促使人力资源服务业最大限度地向数字经济、共享经济、社群经济等新业态领域发展，也是努力的方向。

（本文原载于2021年8月21日《中国劳动保障报》，记者孟晓蕊）

推进全国统筹
加强中央养老保险事权

——访清华大学社会科学学院教授董克用

全国统筹的关键
在于合理划分央地事权

记者： 可否简要谈一谈建立实施企业职工基本养老保险全国统筹制度的背景和意义？

董克用： 全国统筹，是一个具有中国特色、反映中国国情的术语，它根植于我国养老保险制度建立和发展实践的土壤中。在“划分收支、分级包干”财政管理体制等因素的影响下，养老保险建立时遵循“地方统筹、属地管理”原则，这在制度发展初期具有积极意义，但也留下了一定的地区碎片化隐患。

《中华人民共和国国民经济和社会发展第十四个五年规划和2035年远景目标纲要》提出要实现基本养老保险全国统筹。人社部近日印发的《人力资源和社会保障事业发展“十四五”规划》进一步提出在规范省级统筹制度、加大基金中央调剂力度的基础上，建立实施企业职工基本养老保险全国统筹制度，适当加强中央在养老保险方面的事权。

企业职工基本养老保险是彰显社会公平的重要领域，也是民生建设和国家治理的重要支柱。由于我国人口老龄化形势日益严峻、就业多样化以及经济发展不平衡等原因，地区间抚养比差距扩大，省际养老保险基金负担不平衡的问题越来越突出。这些问题依靠省级统筹难以解决，需要进一步提高统筹层次、推进养老保险全国统筹。我认为，养老保险全国统筹并非仅实现基金统收统支，而是要将其作为制度改革的政策窗口期，推进养老保险制度完善与定型。

记者：推进基本养老保险全国统筹的关键点是什么？

董克用：我国正在推进基本养老保险全国统筹工作，但若按照省级统筹“七统一”标准来衡量，部分省份尚未真正实现省级统筹。推进全国统筹工作，需要理顺央地养老保险关系，打破属地管理带来的利益格局固化局面。

我认为，推进养老保险全国统筹的关键在于合理划分中央与地方在养老保险领域的事权和支出责任，这是建立现代养老保险制度的重要内容，也是推进国家治理体系和治理能力现代化的客观需要。

确立中央事权
能够保障权益促进公平

记者：中央在养老保险方面的事权体现在哪些方面？

董克用：基本养老保险事权涉及政府职能的配置问题，是指一级政府在基本养老保险制度中应承担的任务和职责。在当前省级统筹模式中，中央与地方在养老保险事权划分上存在划分不明确和权责不匹配问题，给地方政府留下了一定的制度“博弈”空间。

2016年国务院印发的《关于推进中央与地方财政事权和支出责任划分改革的指导意见》提出，逐步将基本养老保险“确定为中央与地方共同财政事权”；

2019年，《中共中央关于坚持和完善中国特色社会主义制度推进国家治理体系和治理能力现代化若干重大问题的决定》提出，要“加快建立基本养老保险全国统筹制度”“适当加强中央在知识产权保护、养老保险、跨区域生态环境保护等方面事权”，体现了养老保险事权上移的政策取向。根据实践经验，我认为可以将养老保险事权划分为政策事权和管理事权两大类。

养老保险政策事权即决策权，是指政府在确定养老保险制度模式、制定缴费和支付政策等方面的职责。中央在确定制度模式方面拥有唯一事权，各省份必须严格执行。目前，地区之间政策事权的差异主要表现在缴费政策和支付政策方面。

养老保险管理事权是指政府在管理养老保险制度方面的职责，包括收支权（政府依法征缴养老保险费和发放养老保险待遇的职责）、管理权（政府在养老保险基金管理、经办管理和信息管理等方面的职责）和监督权（政府依法对养老保险制度进行监督管理的职责）。在属地管理体制下，养老保险由中央政府授权地方政府履行相关政府职能。目前，养老保险还没有充分反映在对地方绩效考核的核心指标上，或导致部分地方政府征缴养老保险费的积极性会降低、发放养老金的积极性会提高，从而造成“少收多支”问题。

记者：您认为，加强中央在养老保险方面的事权和养老保险全国统筹的关系是什么？

董克用：我认为，全国统筹的重要内涵是确立中央在养老保险方面的事权。具体体现在以下几个方面：

第一，保障公民权利，保护劳动者的基本权益。随着我国经济体制改革的不断深化，劳动力跨地区流动日益频繁。属地管理体制下养老保险对劳动力流动的制约主要表现在劳动力跨地区流动时的养老保险权益受损和关系转移困难两个方面，地方政府无法满足劳动力基本权益需求和跨地区流动需求，难以保证劳动力享受基本公共服务和跨地区自由流动。劳动力资源市场化配置，需要加强中央在养老保险方面的事权，通过全国统筹来保证劳动力跨地区流动时权益可全部携带、关系可自由转移，构建“流动无障碍、权益不受损”的养老保险关系。

第二，维护市场统一，创造企业公平竞争环境。养老保险费是国家法律规定的企业法定劳动力成本，在属地分割管理体制下，部分地区的费基和费率较低，企业缴费负担较轻，能够“轻装上阵”；而一些基金收支平衡面临风险的地区必须严格执行国家规定的标准，企业只能“负重前行”。地方政府的“自主裁量权”在一定程度上影响了制度的公平性，造成了省际企业劳动力成本的差异，既损害了企业的发展利益，也影响地区协调均衡发展。为此，应加强中央在养老保险方面的事权，通过全国统筹制度为企业创造公平竞争的市场环境，实现企业公平负担缴费义务，维护市场统一和公平。

第三，促进地区公平，实现地区间互助共济和协调发展。养老保险具有互助共济的天然属性，既要实现不同收入群体间互助共济，也要实现地区间互助共济。省级统筹模式下，不同地区的缴费政策和支付政策存在差异，基金也是以省级为单位管理的。由于人口和经济发展水平的差异，不同地区的老龄化程度、制度抚养比、基金结余和财政补贴能力都不同，不同省份负担有轻有重现象较为突出。因此，应在省级统筹基础上加快养老保险全国统筹进度，加强中央在养老保险方面的事权，在全国范围内实现制度统一和区域间互助共济。

明确关键任务和改革措施

记者：关于养老保险全国统筹的关键任务与改革措施，您有哪些具体建议？

董克用：在确立中央政策事权方面，建议统一缴费政策，夯实养老保险全国统筹的筹资基础。统一个人缴费基数的相关参数，统一单位缴费基数核定方式，统一各地缴费比例，具体比例可由中央根据经济社会发展情况、通过精算技术统一进行调整。

建议统一支付政策，夯实养老保险全国统筹的给付基础。建议建立基本养老金的国家待遇项目清单制度，统一各地的支付项目；建议以全国平均工资作为养老金计发基数，通过瞄准全国性指标来实现“缴费相同待遇相同”，并同步改革待遇计发办法；统一并改进待遇调整办法，建立以全国物价指标为基础、与人均 GDP 增长率相挂钩的待遇调整机制。

在确立中央管理事权方面，建议统一基金管理，确立基金全国统收统支的原则，这是养老保险全国统筹的资金保证。在当前“省级统筹+中央调剂”基金管理模式基础上，要尽快确立养老保险基金全国“统收统支、统一管理”的原则，可以由中央养老保险基金财政专户管理，确保收支管理规范和基金管理统一。

建议统一经办管理，构建垂直管理的行政经办体制。统一经办管理是养老保险全国统筹的组织保证。建议着力改革现行属地管理体制，构建起从中央到地方垂直管理的经办体制，解决中央和地方在具体业务上的信息不对称问题，推进经办机构向全国一体化、规范化、专业化方向发展。同时，要充分发挥税务部门征管优势，全责征收、夯实费基。

建议统一信息管理，完善全国统一的社会保险公共服务平台。统一信息管理是养老保险全国统筹的技术保证。要建立起覆盖全国、联通城乡、标准统一的信息系统，构建安全、统一、高效的信息系统应用支撑平台，实现各项业务之间的信息共享、业务协同和有效衔接，形成统一规范的信息化公共服务体系和科学有效的决策支持体系。

（本文原载于 2021 年 7 月 13 日《中国劳动保障报》，记者杨勤）

如何加速发展多支柱养老保险体系

——访中国社会科学院世界社保研究中心主任郑秉文

促进供给结构多元化
构建资产型养老保险

记者：可否简单谈一谈我国发展多层次、多支柱养老保险体系的背景和实践情况？

郑秉文：《中华人民共和国国民经济和社会发展第十四个五年规划和2035年远景目标纲要》提出，发展多层次、多支柱养老保险体系，提高企业年金覆盖率，规范发展第三支柱养老保险。人社部近日印发的《人力资源和社会保障事业发展“十四五”规划》进一步提出，发展多层次、多支柱养老保险体系，大力发展企业年金、职业年金，提高企业年金覆盖率，规范发展养老保险第三支柱，推动个人养老金发展。这些关于养老保险体系改革的重要政策释放出的信号显示，未来，中国养老保障制度改革取向将从“权益积累”为主要融资方式和以第一支柱为主要供给主体的养老金体系逐渐向以“基金积累”为主要特征和三支柱共同发展的资产型养老保险体系过渡。

1991 年，《国务院关于企业职工养老保险制度改革的决定》发布，提出了建立第三支柱养老保险的制度目标，标志着中国现代养老保险制度正式启动。30 年来，中国经济高速增长，作为社会平均工资增长率和人口增长率之和的生物收益率，远高于市场利率。进入“十四五”时期，人口增长率开始明显下降，随着经济增速放缓，生物收益率将从两位数逐渐回落到个位数。根据“艾伦条件”（即当一个经济体的工资增长率与人口增长率二者之和大于其市场利率，养老保险积累制就不再合适，而现收现付制可实现帕累托有效配置的福利最大化），从“十四五”时期一直到 2035 年，我国养老保险体系向多层次、多支柱的资产型体系转变的外部环境已经逐渐具备。

可以说，发展多层次、多支柱养老保险体系是

1991年以来中央始终明确并坚持的制度目标，而近年来社会保险连续实施降费政策，其目的就是建立轻税型养老保险制度，以减轻企业负担和确保就业。面向未来，发展多层次、多支柱养老保险体系的本质就是扩大养老金资产规模，夯实养老金财富基础，实施市场化投资策略，在人口红利减少的同时，向资本和投资要红利，提高养老保险制度的财务可持续性，同时，促使养老保险供给结构多元化，而资产型养老保险体系将是中国养老保险模式的必然选择。

引导长期资金入市
储备养老金融资产

记者：发展多层次、多支柱养老保险体系的深远意义体现在哪些方面？

郑秉文：中国是国民储蓄率最高的国家之一，具备大力发展第二、第三支柱以及建立资产型养老金体系的客观条件。资产型养老金作为长期资本，属于一种生产要素。加速发展第二、第三支柱，构建资产型养老金体系，有利于发挥资本市场推动技术创新的作用，能够助力构建创新型国家；有利于推进供给侧结构性改革，降低企业杠杆率；有利于提高直接融资比重，降低股本金赤字。

同时，加快养老保险第二、第三支柱建设，有利于建立多层次资本市场，引导长期资金入市，为资本市场提供长期稳定的资金来源。养老金资产储备是应对老龄化社会财富储备的主要财富储备形式，第二、第三支柱养老金作为养老金融资产储备的核心资产，其在资本市场的占比是一个重要的衡量指标，既可测度养老金资产应对老龄化社会的财富储备指标，也可作为中国资本市场与发达国家资本市场跨国比较的指标。国际实践表明，GDP 大国几乎均为养老金强国，养老金强国几乎无一不是养老金入市比例较高的国家，养老金入市比例高的国家几乎都是资本市场十分发达和成熟的国家，而资本市场发达的国家几乎都是科学技术世界领先的创新型国家。对我国而言，达到养老金在资本市场占比世界平均水平的根本出路在于大力发展第二、第三支柱。

与此同时，发展养老保险第二、第三支柱，建立资产型养老金体系，也有利于社会稳定。国际实践经验表明，在社会资产丰厚的国家，家庭财富在国民财富中占比越高，账户制养老金占比就越高，社会就越稳定。

打通二三支柱增加参与率
提高税优构建“大众养老金”

记者：对于发展多层次、多支柱养老保险体系，您有哪些具体的对策建议？

郑秉文：我认为，养老保险第一支柱财务可持续性的关键在于提高激励性。建立完善多缴多得、长缴多得的激励机制，有利于提升制度的财务可持续性。建议充分将个人账户的激励性利用起来，健全养老保险制度体系，促进基本养老保险基金长期平衡的目标得以实现。此外，实现基本养老保险全国统筹、完善划转国有资本、延迟法定退休年龄、完善养老金待遇调整机制等各项改革，均应按要求在“十四五”时期顺利完成。

对养老保险第二支柱而言，企业年金参与率的提高是建立多层次、多支柱养老保险体系的重要驱动力。为解决企业年金参与率较低的问题，建议尽快修订《企业年金办法》，引入和建立“自动加入”机制，同时放开个人投资选择权、建立“合格默认投资工具”（QDIA）、提高税优比例、缩短直至取消归属期、大力发展集合计划等配套政策，取消参加企业年金必须以参加第一支柱养老保险为前提的规定。发达国家的实践经验表明，第三支柱的绝大部分资产来自第二支柱的转移，第二支柱是积累养老财富储备的基础，是账户制养老金的主力军，且企业年金已具备一定的运行经验，因此，对企业年金的改革应坚持“一张蓝图绘到底”。

对养老保险第三支柱而言，我建议顶层设计 2.0 版应尽快出台。第三支柱养老金是资产型养老金体系的生力军。目前，税延型商业养老保险试点已具备一定经验，如将其视为第三支柱 1.0 版，那么 2.0 版的顶层设计亟待早日出台和实施。

根据国际经验和通行做法，第三支柱账户制养老金的最佳实践包括以下内容：一是体现账户制的本质，即税优政策的享有主体是账户持有人，载体是个人账户；二是账户持有人可通过账户投资和购买所有合格金融产品，包括商业保险产品、公募基金和银行理财产品等，以提高第三支柱的便利性和可及性；三是打通第二支柱和第三支柱，使第三支柱成为第二支柱的“蓄水港湾”，实现两个支柱的双赢；四是居民申请建立第三支柱无须以参加第一支柱或第二支柱为前提条件，三支柱之间的关系应是并列关系，而不应是具有前置条件的递进关系；五是要大幅提高税优比例，为高收入群体留出较大的投资空间；六是充分考虑税延型商业养老保险的实践情况，可以简化抵扣个税的流程和手续。

记者：关于税收制度的配套改革，您有哪些具体建议？

郑秉文：在养老保险第一支柱的改革中，着力点不是税收政策的运用，而是制度设计的科学调整。相比之下，第二、第三支柱的改革既要依靠税优政策的撬动，还要依赖制度设计本身的改进和完善，二者缺一不可。

对于税收制度的配套改革，建议逐步建立一个养老金友好型个人所得税制度，其主要政策含义是个税改革应坚持宽税基、简税制、低税率、严征管的原则。个税免征额的调整应朝着“大众税”的方向发展，使之能够体现“个人生计豁免”的本质，与恩格尔系数的某个百分比进行指数化挂钩，只有这样，第二、第三支柱才有可能成为“大众养老金”，多层次、多支柱养老保险体系才能发展起来。个税免征额的提高与多支柱养老保险的建立是短期社会利益与长期社会利益的关系，孰轻孰重一目了然。在此基础上，建议做到三点：

一是加快完善分项所得税制向综合所得税制转轨的进程。改革目标应以家庭总收入为单位进行年终汇算清缴，这是推动家庭成员参与第二、第三支柱养老金体系的重要举措，也是美国、加拿大等发达国家扩大第二、第三支柱参与率的基本经验。二是对三支柱养老金税优比例进行统筹安排，重新搭配三支柱养老金之间的税优比例，旨在提高第二、第三支柱的税优比例，并且随着各支柱缴费比例的调整，其替代率也应随之调整，为发展多支柱养老金留出空间，同时还可实现降低第一支柱财政风险的目标。三是尽快增设包括个人资本利得税在内的新税种，这是推动发展第二支柱，尤其是第三支柱的根本条件，是鼓励职工和居民参加第二、第三支柱养老保险的重要动力。在资本利得税缺位的情况下，“水位低”的“场外”100 多万亿元居民银行存款不可能流向“水位高”的“场内”养老金账户。国际实践经验表明，第二、第三支柱养老金发达的国家，多是建立资本利得税的国家。

（本文原载于2021年7月20日《中国劳动保障报》，记者赵为）

推进信息化建设
提高社保服务水平

——访清华大学公共管理学院就业与社会保障研究中心主任杨燕绥

基于城镇化、互联网和人工智能的社保信息化建设

记者：《人力资源和社会保障事业发展“十四五”规划》（以下简称《规划》）提出，建成全国统一的养老保险全国统筹信息系统和多层次社会保障信息平台，这是基于怎样的背景？

杨燕绥：这主要是基于城镇化、互联网和人工智能三个基本因素。从城镇化的角度来看，第七次全国人口普查结果公布，我国城镇化率达到63%，当前农村居民中的劳动力的大部分是农民工，进入到城市，

生活在社区里。所以，我国实际城镇化率要高于这一统计数据。也就是说，国内绝大多数居民已经结束了一块土地自给自足的生活，进入了城市社区。

从互联网发展角度来看，计算机、信息技术、大数据的发展使人们形成了依赖互联网的生产方式和生活方式。我们每个人的相关信息、公共服务、社会联系和社会生产以互联网的方式关联起来。这个关联在以前有多个切入口，现在身份证和社会保障卡是两个最关键的切入口。社会保障卡使居民与人社部门的关系更加密切。因此，从采集信息和更新数据等公共事务和个人业务的办理角度来看，社会保障卡比身份证来得更普及。

人工智能未来发展不可限量，我国有比较大的发展需求，但是也得具备一定的生产能力。所以，人工智能产生了大数据，把各种信息集合成大数据，这些大数据反过来又支撑公共决策和公共服务体系的搭建。

信息化建设有助于公共服务和社保事业发展

记者：建成多层次社会保障信息平台，对社保公共服务有何影响？对社保制度和事业发展有何意义？

杨燕绥：建立多层次社会保障信息平台是一个横

向性互联网问题。随着人口老龄化加深，养老保险制度风险不断加大。按照鸡蛋不放一个篮子里、分散风险的原则，国家规范发展基本养老保险制度，加快发展职业和企业年金，同时大力发展第三支柱。国家养老保险体系由这三个支柱组成。伴随企业竞争压力加大，为了留住人才，企业年金快速发展，同时，个人养老金伴随税优制度的完善不断推开，它们最后的目标是支持养老金替代率达到一定的水平，确保老年人生活安全，不断提高老年人购买力。

当然，多层次社会保障信息平台并不等于人社部门把三个支柱以及其他资金统管起来，人社部门作为政府的养老保险管理部门，主要承担的是基本养老保险的筹资、管理、发放，同时规范、约束、支持用人单位职业和企业年金的管理。对于第三支柱，应当出台相应政策，包括税收政策、支持政策、账户管理人政策，也包括安全性规范和监督政策。但是，最主要的还是统筹制度，统计不同支柱的发展状况和每个家庭的养老储蓄状况，最后对接总的税收。

现在，社会保障制度已进入 2.0 版，不再是出台从无到有的碎片化政策，而是将已有的政策按照人类全生命周期发生的风险进行社会保障系统建设。这需要人社部门跨越各种风险和不同制度，以统一的信息平台支持公共服务体系建设，既提升政府部门经办效率、科学决策水平，也为老百姓提供便捷服务。

瞄准关键环节和重点人群升级相关信息平台

记者：养老保险信息系统和个人养老金信息管理服务平台从省级统筹到全国统一、集中，需要解决哪些关键问题？

杨燕绥：养老保险省级统筹全面实现，但信息系统并不完善。应挑选经验丰富、系统较完善的地区，围绕中央基本养老保险全国统筹政策，采集相关信息数据，如个人参保、缴费基数、缴费年限、退休年龄、退休时间等，这些相关信息应实行全国大集中，支持基本养老保险全国统筹，在省级的基础上向全国集中，这是下一步要做的。

记者：《规划》提出，建成平台灵活就业人员职业伤害保障信息平台，这是基于怎样的考虑？

杨燕绥：建成平台灵活就业人员职业伤害保障信息平台是另一个走向，它大部分是以政府责任为主，涉及平台就业形式，包括促进就业政策和公共服务方案，也涉及劳动合同规范、职业培训、养老保险、工伤保险、社会救助等。

平台经济的性质是它的上游生产部门和它的下游递送部门不在一个工作场所，很难用传统的方式来控制生产安全，职业伤害可能随时发生在马路上、办公楼里甚至其他地方。因此，要动员社会各方面，事故发生在哪里，信息采集就到哪里。但是，这类信息集中到一个平台，企业方很难管理。作为民生部门，人社部建立全方位的职业安全系统，既可满足平台经济的发展和灵活就业人员的需要，同时也使人社部门及时全面掌握安全生产、工伤事故现场处理等情况。

做好分工协作推进社保标准化和信息化

记者：为进一步推进社保信息化，优化社保公共服务，您有何具体政策建议？

杨燕绥：实现社保信息化首先要实现社保标准化，在《社会保险法》的基础上，对养老保险、工伤保险等方面的立法要跟上。同时，进一步推进标准化，在此基础上，深入推进信息化。优化社保服务流程，需要在原来的标准化、信息化基础上对流程进行梳理，经过集成后，不断简化、优化。总之，关键要做到服务向下派送，数据顺畅向上集中，既能优化决策，也能优化服务、方便群众。

信息化建设和优化服务体系由国家顶层设计，省级建成操作平台。国家要做好顶层设计，实现大数据集中；省级要做好监督监管，资金筹集向上集中。省级对接各地市、街道和个人。

记者：对于地方政府和社保部门而言，应对信息化和数字化发展需要做好哪些准备？

杨燕绥：对于省级政府来说，要按照国家顶层设计，明确完成省级平台的设计，统一招标，统一规划，打造好平台，并与各地市接口对应上，这样既能降低成本，也能提高效率。作为地市级政府，尤其是下沉到市、区、县，更主要的是做好服务。总之，中央负责顶层设计，统一制定监督规则；省级政府打造地区规范性操作平台、监管平台；地市区县及以下优化窗口服务，加快人才培养、系统设计。

（本文原载于2021年7月30日《中国劳动保障报》，记者杨勤）

打造一支新时代支撑高质量发展的博士后人才队伍

中国人事科学研究院研究员　孙锐

《人力资源和社会保障事业发展“十四五”规划》（以下简称《规划》）围绕把握新发展阶段、贯彻新发展理念、构建新发展格局，以落实中共中央十九届五中全会精神为核心主线，以“激发人才创新活力”为主要章节，以引领高质量发展和强化国家战略科技力量为基本导向，就加快培养造就高水平专业技术人才队伍，夯实创新发展人才基础提出了政策思路和工作布局。

《规划》提出的工作举措覆盖了专业技术人才队伍建设的重要环节和方面，其中将改革完善博士后制度，加快培养高质量博士后人才，作为一项突出强调的工作摆在《规划》的重要位置，进行了重点谋划和安排。这是人力资源和社会保障部门面向“十四五”时期经济社会发展，特别是适应新时代实施人才强国战略和创新驱动发展战略的新要求，培养造就具有国际竞争力青年科技人才后备军的一项重大方向性应对举措。

自 1985 年 7 月，由诺贝尔奖金获得者、著名华裔物理学家李政道先生倡议发起建立博士后制度以来，当前，这项制度已经成为我国培养高层次创新人才的一项重要制度，博士后人才群体也已成为一支承担国家创新驱动发展任务的骨干力量。截至 2020 年底，我国共建设 3300 多个博士后科研流动站、3850 多个博士后科研工作站；全国累计招收博士后 25 万多人，期满出站博士后近 15 万人，其中有 125 人成长为中国科学院、中国工程院院士。据有关调查统计，近 5 年来，全国博士后研究人员进站规模迅速扩大，年平均增长率在 10%以上，平均进站年龄 31 岁，培养造就了一大批年轻、富有活力的高层次人才群体；全国各类在站博士后研究人员承担国家级项目 9 万余个，省部级项目 8 万余个，其他各类科研和工程项目 12 万多个，平均每位博士后人员承担了 2 个以上科研项目；博士后出站后在高校科研院所工作的比例逐年提升，2019 年达到 65%，绝大多数成长为单位的领军人才和科研骨干。

经过三十多年来的发展，我国博士后制度逐步建立健全，博士后人员数量不断壮大发展，博士后工作对国家创新发展和高质量发展的推动作用日益明显。实践证明，博士后制度已成为各地区各部门培养、吸引高层次人才的重要渠道，成为开放合作和人才吸引的重要平台载体。博士后阶段对青年科研人员科研生涯起步和成长起到了重要助推作用。当前博士后人员正成为高校科研院所补充师资及骨干科研人员的重要来源，他们在国家重点科研平台和重大科技项目团队中正日益担负起科研创新主力军的角色，在服务国家经济社会发展、助力脱贫攻坚中发挥了重要作用。

“十四五”时期是我国开启全面建设社会主义现代化国家新征程的第一个五年。当今世界正经历百年未有之大变局，新一轮科技革命和产业变革风起云涌，国际竞争合作形势发生重大转变，国际力量对比深刻调整，全球治理面临重大挑战。当前，中美贸易摩擦等具有长期性的国际形势深刻反映出，高精尖科技人才正是当前国际上抢夺的战略资源。我国是一个人力资源大国，也是一个智力资源大国，但也面临着创新型科技人才结构性不足、矛盾突出，世界级科技大师缺乏，领军人才、尖子人才不足，工程技术人才培养同生产和创新实践脱节等严峻挑战，这些都是建设世界人才强国和创新型国家的“卡脖子”问题。

党的十九届五中全会对“十四五”规划和2035年远景目标作出一系列重要部署，对国家而言是一次事关长远的战略升级。高质量发展首先是人才引领的发展。创新驱动实质是人才驱动。2020年9月，习近平总书记在科学家座谈会上专门指出，要高度重视青年科技人才成长，使他们成为科技创新主力军。这意味着未来一段时间，我国高水平青年科技人才队伍建设任务更加艰巨，其重要性、必要性也更加突出。将改革完善博士后制度和博士后人才队伍建设作为一项重要抓手，是基于问题导向、目标导向和战略导向，围绕科技自立自强及一系列关键领域进入全球“桥头堡”“无人区”和“前沿地”进行高水平青年科研人才开发的战略投入、资源聚焦和前期布局，是为加快培养一大批引领型人才、战略型人才、骨干型创新创业人才和技术技能人才做出的一项关键性支撑举措。

当前，我国博士后制度改革不断推进，多层次、多渠道的高层次青年拔尖人才培养体系不断健全，基本形成了由人社部门牵头、各有关部门协调合作、各设站单位发挥人才培养使用主体作用的博士后工作格局。按照《规划》实施要求，“十四五”时期，博士后工作将坚持高端引领，进一步优化博士后人才开发政策工具，通过重点计划、项目带动重点政策配套实施，以高质量工作布局推动高质量博士后队伍创新发展。

首先，继续推进博士后制度改革完善，开展博士后管理方式改革试点，构建高层次人才培养使用制度创新优势，深化博士后创新示范中心和博士后成果转化基地建设。按照高质量发展要求，进一步完善博士后制度体系、工作体系和服务体系，举办全国博士后创新创业大赛，加大支持博士后创新创业。

其次，加强博士后科研流动站和工作站建设，支持设立博士后创新岗位，稳步扩大博士后招收规模，进一步提升博士后培养质量。依托高校、科研院所、重大科研项目、重点企业等有效载体，坚持在使用中培养，培养和使用中发现更高级人才，大力培养覆盖全国各个省市区和“十四五”时期经济社会发展重点领域、重点方向的博士后人员。

再次，加大博士后人员支持及其科研资助力度，吸引国内国际优秀博士在华从事博士后研究。“十四五”期间，在国家层面继续加大对博士后日常经费资助和科学基金资助的投入力度。坚持培养使用相结合、产学研相结合，大力实施博士后创新人才支持计划，依托国家重大科研任务和重点科研平台，每年择优资助500名左右国内优秀博士从事博士后研究工作。通过采取多种措施，更好地发挥博士后制度在高校院所科研团队建设和企业技术创新中的作用。

此外，推进博士后国内外学术技术交流，深化实施博士后国际交流计划。每年择优引进资助高水平外籍或留学回国博士，在国内博士后设站单位从事博士后研究；每年择优资助100名左右国内优秀博士后赴国（境）外高水平研究机构从事合作研究。积极举办一系列博士后学术论坛，促进产学研合作，培养造就跨学科、复合型、具有国际视野的战略性青年人才，大力提升博士后培养的国际化水平。

面对新时代、新任务、新要求，构建完善与高质量发展相适应的博士后工作体系，是回应新时代实施人才强国战略需求，推动我国青年高层次人才培养再上新台阶的重要任务。培养造就一大批高水平国际化的优秀博士后人才，将为“十四五”时期实现创新驱动发展和高质量发展夯实人才支撑。

（本文原载于 2021 年 7 月 30 日《中国组织人事报》）

新时代技术技能人才发展新规划

中国就业促进会理事　张元

“十四五”开局之年，是我国开启全面建设社会主义现代化国家新征程、向第二个百年奋斗目标进军非常重要的一年。习近平总书记指出，劳动者素质对一个国家、一个民族发展至关重要。技术工人队伍是支撑中国制造、中国创造的重要基础，对推动经济高质量发展具有重要作用。要健全技能人才培养、使用、评价、激励制度，大力发展技工教育，大规模开展职业技能培训，加快培养大批高素质劳动者和技术技能人才。要在全社会弘扬精益求精的工匠精神，激励广大青年走技能成才、技能报国之路。

习近平总书记重要批示指明了技能中国建设战略发展方向，为青年人献身于社会主义现代化强国建设发出了新时代的动员令。《人力资源和社会保障事业发展“十四五”规划》（以下简称《规划》）的发布，引导技术技能人才培养培训树立高质量新发展理念，形成开创性新发展格局，标志着我国技术技能人才队伍建设进入新发展阶段。

新时代技术技能人才发展新理念

改革开放以来，我国国民经济行业与职业结构发生了很大的变化，全行业技术技能类职业始终是国民经济发展的中坚群体。2017 年我国国民经济行业分类，共有 20 个门类，包括 7 个大类、473 个中类、1380 个小类；2015 年国家职业分类共有 8 个大类，含 75 个中类、434 个小类、1481 个细类职业，包括工种 2670 个。“十三五”期间，我国技术技能人才广泛分布于 20 大行业门类，重点聚集在国家职业分类体系中的第四、第五和第六大类职业群体，特别是生产制造及社会服务领域，作为国民经济发展最基础和最重要的产业大军，为跻身世界经济发展第二大国、实现小康社会做出了不可磨灭的贡献。

“十四五”时期，随着信息化社会发展速度不断加快，典型行业领域技术技能迭代更新势头强劲，并呈现出渗透与蔓延至各职业领域的发展趋势。在工业化发展初期，社会大众对“技术”的认知往往是知识、经验、技巧和手段的集合，是人类利用自然和改造自然的方法、技能和手段的总和，包含技能但又“高于”技能，技术工作者需要通过学历教育方可从业；对于“技能”的理解一般为手工动作技能、操作技能等，将技能劳动者归入社会体力劳动分工范畴，通过培训即可就业。伴随人工智能时代的来临，原本属于职业范畴的“规则性劳动”社会分工活动正在逐渐被催生中的智能化机器体系所替代，原有职业技能中的传统技能正迅速被转化为以“知识技能”“心智技能”“智慧技能”等为代表的现代技术技能，“技术”与“技能”的融合使得两者形成难以分割的概念，技术技能人才的称谓逐步被社会普遍认可。

新时代发展催生了社会职业的变迁，新技术迭代更新了职业技能的内涵。由此，技术技能类职业岗位对从业者的现代技术技能要求不断叠加，特别是技术技能人才产教融合的实践能力要求越来越高，新时代技术技能人才创新发展理念正在形成。

新时代技术技能人才发展新通道

长期以来，我国技术技能人才队伍建设中始终存在高技能人才总量、结构、供给与经济社会发展需求适配性不强等问题，其中，最突出的是高技能人才成才环境问题。受“学而优则仕”传统观念影响，行业企业存在着“重学历、轻能力”的现象，技能型劳动者表面上受到重视，但却难以得到重用，其社会地位和工资待遇相对偏低，高技能人才与企业管理人员、工程技术人员之间薪酬差距较大、结构比例不合理。特别是一些国有企业技能型人才流失现象比较普遍，对高素质职业教育人才缺乏吸引力。环境因素影响导致新成长劳动力不情愿从事技术技能类的工作，高技能人才队伍存在断档危机，高技能人才供需矛盾突出，特别是先进制造业、现代服务业和高新技术产业的高技能人才供不应求；高技能人才年龄结构老化，青年高技能人才供给乏力且技能素质水平较难适应迭代更新中的现代职业岗位需求，行业企业技术技能培训与岗位需求吻合度不高……原有职业培训机制和职业技能等级制度已落后于行业企业技术技能人才发展现实需求。

为有效解决技术技能人才队伍建设存在的历史问题，新出台的《规划》以法律为依据，以政策为导向，以适应新时代经济社会人才需求为目标，制定了拓展未来技术技能人才上升渠道、提高技能型人才待遇水平和社会地位等一系列国家人力资源供给保障策略。实施“技能中国行动”，加强创新型、应用型、技能型人才培养，弘扬工匠精神，为新时代高技能人才、能工巧匠和大国工匠培养、技术技能人才薪酬待遇与社会地位提升提供了纲领性指导；深化产教融合、校企合作，探索中国特色企业新型学徒制与完善职业技能等级制度，为高技能人才职业贯通发展开辟了通道；健全完善国内职业技能竞赛制度和体系，着力提升职业技能竞赛科学化、规范化、专业化水平。定期举办国家级职业技能大赛等举措，为大范围提升技术技能人才职业技能水平、孕育国家技能大师提供了良好的发展机遇。

新时代技术技能人才发展新愿景

展望国家人力资源社会保障事业“十四五”发展，

肩负国家经济发展和重大战略实施使命的，具有高超技艺技能和一流业绩水平，长期坚守在生产服务一线岗位工作的技术技能人才大军发展前景广阔，任重道远。

一是党中央、国务院一系列法律法规政策执行到位。国家劳动法、就业促进法、劳动合同法，新时期产业工人队伍建设改革方案、分类推进人才评价机制改革的指导意见、提高技术工人待遇的意见、推行终身职业技能培训制度的意见、国家职业教育改革实施方案等全面贯彻实施，与国家职业资格制度相衔接、与终身职业技能培训制度相适应的职业技能等级制度不断完善，将有效促进新时代技术技能人才政治、经济、社会待遇的全面提升。

二是人力资源事业保障措施贯彻到位。实施职业领域覆盖广泛、地域特色鲜明的高技能人才培训基地、技能大师工作室建设等高技能人才培训基地项目，数以百计优质技工院校和优质专业以及数以千计技工教育（联盟）集团建设，将大力提升技工教育整体质量；落实世界技能大赛引领计划，建成世界技能博物馆、世界技能能力建设中心、世界技能资源中心，将有效提升我国技术技能人才国际声誉；聚焦高技能领军人才，实施工资激励计划，构建技能形成与提升体系，强化评价使用激励，将有效畅通技术技能人才的成长成才通道，充分发挥技术创新重要作用；全面加强人力资源服务保障，将为技术技能人才发展提供坚实的基础。

三是技术技能人才队伍打造到位。深化人才发展体制机制改革，同步推进人才发展与国家重大发展战略和产业布局，大力实施中国特色企业新型学徒制，开展职业道德、工匠精神、安全环保等现代综合性职业培训，托幼、养老等社会急缺职业培训，先进制造业、战略性新兴产业、现代服务业以及智慧农业等新产业职业培训，人工智能、云计算、大数据等新职业培训；深化产教融合，实施校企双制，以社会职业发展为引领，构建职业教育类型人才成长通道，打造职业教育特色鲜明的技术技能人才教学培养培训体系，将有效激发创新活力与职业教育的整体质量，不断壮大技术技能人才规模，切实体现“技能中国”在社会主义现代化建设中的历史贡献。

（本文原载于 2021 年 8 月 2 日《中国组织人事报》）

新时代推进事业单位人事制度改革的目标和任务

中国人事科学研究院副院长、研究员　李建忠

事业单位是推动我国科技、教育、文化、卫生等社会事业和公共服务发展的重要力量。“十四五”期间，进一步推进事业单位人事制度改革，加强事业单位人才队伍建设，对实现我国“建成文化强国、教育强国、人才强国、体育强国、健康中国”的远景目标具有重要意义。

按照新时代事业单位改革和发展的总体要求，《人力资源和社会保障事业发展“十四五”规划》（以下简称《规划》）提出了持续推进事业单位人事制度改革的目标和主要任务，主要包括以下方面：

一、建立健全符合分类推进事业单位改革要求的人事管理制度

分类科学是事业单位人事管理的基本原则。建立符合各类事业单位特点、符合各类人才成长规律、符合各类岗位要求的管理制度，是事业单位人事制度改革的重要目标。“十四五”期间，事业单位人事分类改革的主要任务是建立与事业单位总体分类相适应的人事制度。一是随着公益类事业单位分类改革的实施，应积极探索公益一类和二类单位差异化的人事管理政策；二是按照中央《关于深化党和国家机构改革的决定》提出的“区分情况实施公益类事业单位改革”的要求，联合有关部门对“面向社会提供公益服务的事业单位”和“主要为机关提供支持保障的事业单位”实行分类施策，特别是要研究落实“支持保障类”事业单位“优化职能和人员结构，同机关统筹管理”的要求；三是要按照“健全符合行业专业特点及教学、科研等内在规律的现代治理机制”的要求，探索建立符合事业单位行业特点的人事薪酬制度，“建立与不同性质组织运作相适应的人力资源管理制度”。

二、推进建立人事管理权责清单和人事监督制度

理清政事权责关系，合理界定政府作为出资人的举办监督职责和事业单位的自主运营管理职责，是事业单位管理体制改革的核心和关键。为推进事业单位管理体制改革，中央提出，要以清单方式明确干部人事管理、收入分配、资产管理、业务运行权限，促进政府从“办事业”向“管行业”转变，加强政策法规、行业规划、标准规范、监督管理；减少微观管理和直接干预，赋予事业单位更大自主权。

建立人事管理权责清单，一是应按照分级分类管理的原则，在岗位设置、公开招聘、聘用管理、人员交流、职称评审、薪酬分配、考核奖惩等方面，对不同事业单位实行分类授权；二是要探索实行事业单位绩效目标管理，实现事业单位权责平衡；三是在落实自主权的同时，加强对事业单位的人事监督，促进事业单位人事管理公平公正，防止以权谋私和用人腐败；四是按照“放管服”改革的要求，优化人事服务，推进事业单位人事管理“一件事”改革，围绕事业单位工作人员“进管出”重点环节，完善服务标准，强化信息支撑，推进业务联动。

三、全面完善事业单位人事制度体系和人事管理机制

《规划》提出，要完善事业单位聘用合同管理、公开招聘、岗位管理和交流制度，健全完善事业单位工作人员考核、奖惩、培训机制，对深化事业单位人事制度改革进行了全面安排。一是完善聘用合同制度，明确聘用合同订立、变更、中止、解除和终止的程序和条件，根据事业单位人事关系的性质，规范聘用合同必备条款和约定条款，在搞活聘用机制的同时，保障事业单位工作人员权益，构建和谐人事关系；二是完善公开招聘制度，根据事业单位公开招聘组织方式和责任主体的不同，明确事业单位统一招聘、行业招聘、单位自主招聘程序、纪律和办法，优化招聘笔试、面试、考核、考察、体检等技术规范和标准，科学设置岗位资格条件，提高招聘公平性和科学性；三是完善岗位设置管理制度，明确岗位结构比例设置依据，建立岗位结构比例动态调整机制，在县以下事业单位推行管理岗位职员等级晋升制度，推进专业技术一级岗位设置工作；四是完善事业单位人员交流制度，探索事业单位人员轮岗、转岗、调任、挂职、调配等交流方式，规范交流办法，促进机关、企业、事业单位

人员顺畅流动；五是完善事业单位人员考核制度，构建平时考核、定期考核和专项考核相结合的考核制度，推进绩效目标管理，健全考核指标体系，加强考核结果应用；六是完善事业单位工作人员奖惩机制，推进事业单位工作人员奖励和处分规定的落实，构建严管和厚爱相结合的管理机制；七是完善事业单位工作人员培训机制，全面实施岗前培训、在岗培训、转岗培训和专项培训，改进培训方式，实现精准效能、按需施训，增强培训的系统性、持续性、针对性、有效性。

四、进一步激励事业单位人才创新创业

激发人才创新创业活力，优化创新创业创造生态，是事业单位人事制度改革的内在和必然要求，是事业单位人才队伍建设的重要目标。《规划》提出，要支持和鼓励高校、科研院所等事业单位科研人员按规定创新创业并取得合法报酬；落实乡村振兴战略，支持和鼓励农业科技人员按规定入乡兼职兼薪和离岗创办企业，为激励事业单位人才创新创业提供了政策保障。

（本文原载于 2021 年 7 月 20 日《中国组织人事报》）

织密权益保障网　奏响和谐稳定曲

——“十四五”时期劳动关系的挑战与应对

立足当前、放眼长远，全方位、多领域统筹推进劳动关系工作

记者：“十四五”时期，我国劳动关系工作面临哪些挑战？

王全兴[①]：“十四五”时期的劳动关系工作，既面临高质量发展目标所提出的高要求的挑战，又面临现实中所产生的突出问题的挑战。就发展目标而言，劳动关系领域发展既要从全国经济社会发展“十四五”规划的目标来谋划，又要从人力资源和社会保障事业发展“十四五”规划的目标来统筹布局。

---

① 王全兴：上海财经大学教授。——编者注

人力资源和社会保障事业“十四五”期间的发展目标主要有就业、社会保障、人才队伍建设、工资收入分配、劳动关系、基本公共服务六大板块，劳动关系板块与其他板块紧密相关。从就业方面看，有劳动关系的就业一直是主流的就业形式，有劳动关系和谐才会有高质量就业。从社会保障方面看，劳动关系是扩大社会保险覆盖面和健全社会保险体系的基础。从人才队伍建设方面看，稳定的劳动关系是企业加大对劳动者培训投入的关键。从工资收入分配来看，企业工资收入分配是劳动关系的核心和焦点，工资收入分配制度改革的各项政策目标，如健全工资合理增长机制、提高劳动报酬在初次分配中比重等，都需要以建立健全劳动关系协调机制作为实现的抓手。从基本公共服务来看，面向中小微企业的劳动关系公共服务作为基本公共服务体系的短板，需要伴随劳动关系治理能力的提升同步加强。概而言之，“十四五”时期，构建规范有序、公正合理、合作共赢、和谐稳定的劳动关系，所需要做的工作是全方位、多领域的，应该从人力资源和社会保障事业多个领域统筹安排、整体布局。这既是挑战，也是机遇。

就现阶段日益凸显的问题而言，以下两点尤其值得重视：一是在传统业态下已显露势头、新业态下更为加剧的“去劳动关系化”现象，致使现行劳动关系协调机制的作用范围不断缩小、劳动法保护的盲区不断扩大，这对人力资源和社会保障系统的影响是全方位的。二是农民工规模下降，新生代农民工的劳动观念发生变化。国家统计局《2020年农民工监测调查报告》显示，2020年全国农民工总量为28560万人，比上年减少517万人，下降1.8%。劳动力市场供求格局变化，就业难与招工难并存，劳动者权利意识日益增强，尤其是新一代农民工的劳动理念发生变化，对工作环境、自我成长、价值追求等有更高追求，这些都要求劳动关系工作要有新的理念、方式和举措。

聚焦权益保障制度短板，不断完善相关法律法规

记者：《人力资源和社会保障事业发展“十四五”规划》（以下简称人社事业发展“十四五”规划）提出，建立健全新就业形态劳动者劳动权益保障机制，维护新就业形态劳动者权益。您认为需要从哪几个方面入手，才能更好地保护新就业形态劳动者的合法权益？

王全兴：不久前，人社部等八部门出台了《关于维护新就业形态劳动者劳动保障权益的指导意见》，为支持和规范发展新就业形态，切实维护新就业形态劳动者合法权益提供了政策指引。

与传统业态相比，新业态下灵活就业的农民工群体不仅规模迅速扩大，而且就业灵活化程度不断提高，伴随着“去劳动关系化”程度的不断加深，社会矛盾风险不断凸显。新业态劳动者的权益保障问题就其实质而言，是传统业态下部分企业用工过度灵活化的问题和农民工权益保障问题在新业态下的延续和加剧。为此，需要特别注意以下几点。

第一，劳动关系认定应由重形式转向重实质，即无论新业态下企业灵活用工在形式上如何变化，只要实质上具有认定劳动关系的从属性特征，就可认定为劳动关系。例如，即使劳动者被注册为个体工商户，只要存在企业严格控制劳动者的服务质量、对劳动者进行严格的劳动管理、劳动者对企业有信息依赖和经济依赖、企业从劳动者的劳动中得到利益的事实，认定劳动关系就有事实依据。

第二，谨慎选择劳动法保护手段。对于不完全符合确定劳动关系情形的劳动者，不宜按照标准劳动关系的要求给予全面的劳动法保护，应根据企业用工形式和劳动者就业方式，有选择地参照适用劳动法的规定，给予适度保护。在劳动基准立法中，应当制定可以适用于灵活就业劳动者的劳动基准。比如，《关于维护新就业形态劳动者劳动保障权益的指导意见》明确提出，符合确立劳动关系情形的，企业应当依法与劳动者订立劳动合同。不完全符合确立劳动关系情形但企业对劳动者进行劳动管理的，指导企业与劳动者订立书面协议，合理确定企业与劳动者的权利义务。个人依托平台自主开展经营活动、从事自由职业等，按照民事法律调整双方的权利义务。

第三，突破劳动关系界限保护社会保险权益。对包括新就业形态劳动者在内的灵活就业劳动者，无论是否认定为劳动关系，都应当纳入社会保险覆盖范围，尤其要优先实行职业伤害保险。比如，《关于维护新就业形态劳动者劳动保障权益的指导意见》明确提出，以出行、外卖、即时配送、同城货运等行业的平台企业为重点，组织开展平台灵活就业人员职业伤害保障试点，平台企业应当按规定参加。

第四，加强工会组织的保护。根据新就业形态的特点，开拓灵活就业劳动者加入工会组织的渠道，创新工会的基层组织形式和维权服务方式，将灵活就业纳入工会保护的范围。比如，《关于维护新就业形态劳动者劳动保障权益的指导意见》明确要求，各级工会组织要拓宽维权和服务范围，积极吸纳新就业形态劳动者加入工会。

记者：人社事业发展“十四五”规划提出完善工时、休息休假制度。近年来，加班文化成为热点话题，这反映出当前工时、休息休假制度存在的短板是什么？未来应该如何完善？

王全兴：以“996”为代表的超时加班问题，其原因和性质是多方面的，表面看是法律失灵问题，深层看是用人单位与劳动者地位不平等、市场竞争激烈、重当下而轻长远的宏观氛围下的经济社会问题。因此，需要从政府、社会、企业和劳动者等多个方面着手解决问题，其中关键是认识问题。所谓的加班文化，实质上是对超时加班、过度劳动现象默许、容忍、无奈的误导性认识，解决政府官员、社会大众、企业家和劳动者的认识问题才是根本。然而，在矫正和去除加班文化之前，法律手段不可忽视。在劳动基准立法和劳动保障监察中，工时和休息休假基准以及相关的劳动定额基准的完善和从严执行应当得到特别重视。其中，加班认定、灵活用工中的工时定额、加班工资的支付保障、带薪年休假的规则细化等应当作为立法重点。

加强风险监测预警，
实现劳动关系源头治理、综合治理

记者：人社事业发展“十四五”规划要求，完善劳动人事争议调解仲裁体制机制，提升劳动保障监察执法效能。劳动保障监察部门和调解仲裁机构是当事人发生劳动纠纷后，寻求权利救济的部门。当前劳动保障监察部门和调解仲裁机构案多人少的矛盾比较突出，您认为应该如何化解这一矛盾？

王全兴：面对案多人少的矛盾，应当着力解决“案多”问题，将工作重心前移到劳动争议发生前的劳动争议预防和仲裁前的调解、监察执法前的化解。其中的重点有：第一，健全劳动争议多元化解机制，由形式多元转向实质多元，做实企业内部和社会化调解

机构，加强仲裁机构对调解的指导和衔接，提高仲裁前调解协议的达成率和履行率。第二，推动劳动保障监察由被动监察转向主动监察、由刚性监察转向柔性监察，与社会力量合作，加强劳动保障法律法规宣传和立案受理前法律咨询，开展宣传教育进企业、进社区活动，重点对企业家和企业人力资源管理人员开展劳动保障法律法规培训，增强企业履行法律法规政策的自觉性。第三，地方各级政府应当把劳动争议预防和化解列为和谐劳动关系构建的重点考核指标，建立目标责任制，并强化部门合作，建立联动机制，整合多方力量，充分发挥劳动关系矛盾纠纷化解职能。

记者：人社事业发展“十四五”规划提出，建立健全劳动关系风险监测预警制度。为了让预警机制真正发挥作用，您认为需要做好哪些工作？

王全兴：目前我国正处于社会发展变革时期，劳动争议案件数量增多，主体利益诉求多元，做好劳动关系风险监测预警工作，能够助力劳动争议的预防和化解。

为充分发挥预警机制的作用，以下几点值得特别强调：第一，推动线上线下结合的劳动保障网格化建设和管理。在利用互联网技术加快线上劳动保障网格化建设的同时，进一步健全线下基层网格巡查员队伍建设，规范线下基层网格巡查行为，确保劳动关系运行状况的线下信息搜集、呈报、录入的及时和真实，为信息线上传递和分析夯实基础。第二，加强跨部门、跨领域的网络平台和数据共享共用。整合人社、工会、司法、公安等部门的信息资源，打通不同部门、领域之间的信息孤岛，形成信息串联，为监测预警提供数据支撑。同时，在人社系统内部，要实现社保、劳动保障监察、劳动关系、工资福利等信息共享。第三，充分利用社会力量。健全政府负责和工会、企业、协会等不同社会力量共同参与的监测预警机制，并组织志愿者队伍，形成社会合力。

（本文原载于2021年8月4日《中国劳动保障报》，记者邢泽宇）